平成30年6月施行対応！

よくわかる
民泊事業Q&A
―届出から運営まで―

編集：住宅宿泊事業法研究会

WI-FI

ぎょうせい

目　次

第1編
民泊制度開始の
背景と概要

第1章　住宅宿泊事業法制定に至る背景

●●1　はじめに

　我が国が少子化・人口減少に直面する中で、いまあるストックを有効活用していこうという機運が高まり、個人等が保有する資産についてインターネットを介したマッチングにより他者による利活用を図るシェアリングエコノミーが近年急速に広がっています。

　住宅を活用した宿泊サービスであるいわゆる民泊は、まさにその代表選手であり、米国発のマッチングサイト運営事業者であるAirbnb 社の登場などにより、我が国でも普及が進んでいるところです。折しも我が国では、訪日外国人観光客が急増し、平成25 年には長年の政府目標であった 1,000 万人が達成され、その後も外国人の訪日は加速し、一部地域においては、宿泊施設の不足の問題も生じるようになりました。

　そうした中で、民泊は、多様化する宿泊需要の受け皿として期待され、時代の変化に応じた規制の見直しが求められました。旅館業法の規制緩和や特区民泊制度の創設が講じられましたが、他方で、違法なまま行われる民泊により、地域住民との間で騒音やゴミ出しなどによるトラブルが生じるようになりました。こうしたことから、健全な民泊サービスの普及を図るため、既存の制度を補完する新たなルールが求められました。

　このような中で、平成29 年 6 月 9 日、「住宅宿泊事業法」（平成29 年法律第 65 号。以下「法」といいます。）が成立し、同年 6 月16 日に公布されました。

　以下、新法の制定に至ったより詳細な背景を説明します。

●●2　急増する民泊サービスの利用

　近年、民泊サービスは、マッチングサイトの普及により世界各地で展開され、我が国でも国内外のマッチングサイト運営事業者の参入により住宅提供者や利用者が急増しています。我が国においては特に訪日外国人旅行者が急増し、若年層が多数を占め、日本のライフスタイルへの関心も高いことから、安価かつ日本のライフスタイルを体感することができるものとして、住宅における宿泊サービスを利用したいというニーズが高まっています。

　観光庁の宿泊統計によると、観光・レジャー目的の訪日外国人旅行者のうち、14.9％が「有償での住宅宿泊」を利用していることが明らかになっています（図1－1参照）。

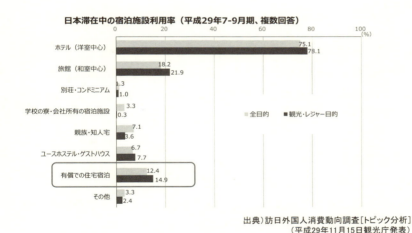

出典）訪日外国人消費動向調査［トピック分析］
（平成29年11月15日観光庁発表）

図1－1　日本滞在中の宿泊施設利用率

　また、Airbnb社が取り扱っている国内の民泊の物件数は、約6万件に上るとも言われています。

　訪日外国人旅行者の増加が今後も見込まれることを踏まえると、今後ますます民泊サービスへのニーズも高まっていくことが予想されます。

●●3　宿泊サービスに関する規制改革の流れ

　国家戦略特別区域法の成立を皮切りに、近年急増する訪日外国人旅行者の多様な宿泊需要に対応するため、民泊の活用も含め、宿泊営業を規制する旅館業法に関する規制改革が順次進められました。

<平成 25 年>
　国家戦略特別区域法（平成 25 年法律第 107 号）が成立し、同法に基づく旅館業法の特例である、いわゆる「特区民泊」の制度ができきました。

<平成 28 年>
　簡易宿所営業の営業許可基準の緩和や、農林漁業体験民宿業の営業者の対象範囲の拡大等旅館業法における規制緩和がなされました。

<平成 29 年>
①住宅宿泊事業法が成立しました。
②ホテル営業及び旅館業法の営業種別を統合すること等を定めた旅館業法の一部を改正する法律が成立しました。

<平成 30 年>
　改正旅館業法が成立したことを受け、最低客室数の廃止、玄関帳場等の基準の緩和等旅館業規制の見直しが実施されました。

●●4　民泊サービスに関する規制改革の流れ（規制改革実施計画、民泊あり方検討会）

　旅館業の規制の見直しと並行して、民泊サービスの推進のための検討もなされました。平成27年6月30日に閣議決定された規制改革実施計画において、インターネットを通じ宿泊者を募集する一般住宅、別荘等を活用した民泊サービスについては、関係省庁において実態の把握等を行った上で、旅館・ホテルとの競争条件を含め、幅広い観点から検討し、結論を得る旨が決定されました。

　また、平成28年6月2日に閣議決定された、規制改革実施計画において、適切な規制の下でニーズに応えた民泊サービスが推進できるよう、旅館業法とは別の法制度とし早急に法整備に取り組むことが決定されました。

　これを受け、観光庁及び厚生労働省において、有識者や実務者で構成される「民泊サービスのあり方」に関する検討会を立ち上げ、13回に渡り議論を行い、最終報告書においては、これまでの現行制度の枠組みの中での民泊への対応や、今後のホテル・旅館に対する規制等の見直しにも言及した上で、民泊のあり方について、下記の基本的な考え方に従った制度設計が示されました。

＜制度設計の基本的な考え方＞

（1）制度目的
　　民泊の健全な普及、多様化する宿泊ニーズや逼迫する宿泊需給への対応、空き家の有効活用など。
（2）制度の対象となる民泊の位置付け
　　住宅を活用した宿泊サービスの提供と位置付け、住宅を1日単位で利用者に利用させるもので、「一定の要件」の範囲内で、

有償かつ反復継続するものとする。「一定の要件」を超えて実施されるものは、新たな制度枠組みの対象外であり、旅館業法に基づく営業許可が必要である。

（3）制度枠組みの基本的な考え方

「家主居住型」と「家主不在型」に区別した上で、住宅提供者、管理者、仲介事業者に対する適切な規制を課し、適正な管理や安全面・衛生面を確保しつつ、行政が、住宅を提供して実施する民泊を把握できる仕組みを構築する。

（4）法体系

この枠組みで提供されるものは住宅を活用した宿泊サービスであり、ホテル・旅館を対象とする既存の旅館業法とは別の法制度として整備することが適当である。

●●5　住宅宿泊事業法の成立

規制改革実施計画及び「民泊サービスのあり方」に関する検討会の検討経緯等を踏まえ、政府内部及び関係各界との協議及び調整が精力的に行われました。その結果、住宅宿泊事業を営む者に係る届出制度、住宅宿泊管理業を営む者に係る登録制度、住宅宿泊仲介業を営む者に係る登録制度の創設等の措置を講ずることを内容とする「住宅宿泊事業法案」が取りまとめられました。同法案は、平成29年3月10日に閣議決定された後国会に提出され、同年6月9日に成立、16日に公布（平成29年法律第65号）されました。

＜住宅宿泊事業法の策定・施行までの流れ＞

平成 27 年 6 月	「規制改革に関する第 3 次答申」において、民泊について、関係省庁にて、実態の把握等を行った上、幅広い観点から検討し、結論を得る（平成 28 年結論）。
11 月	「『民泊サービス』のあり方に関する検討会」の設置
平成 28 年 6 月	○「規制改革実施計画」を閣議決定 　　「家主居住型」と「家主不在型」の類型別に規制体系を構築することなど、民泊の基本的な制度設計が示され、平成 28 年度中に法案を提出することなどが明記された。 ○「『民泊サービス』の制度設計のあり方について」をとりまとめ 　　上記「規制改革実施計画」を踏まえ、計 13 回にわたる「『民泊サービス』のあり方に関する検討会」の報告書として、民泊の制度設計の基本的な考え方をまとめた。
平成 29 年 3 月	「住宅宿泊事業法案」を閣議決定、内閣から国会に提出
6 月	「住宅宿泊事業法」の成立・公布
10 月	住宅宿泊事業法関係政省令の公布
平成 30 年 3 月	準備行為（住宅宿泊事業の届出等）の開始
6 月	住宅宿泊事業法の施行

●●6　住宅宿泊事業法の意義

　JNTO（日本政府観光局）の調査によると、平成 29 年の訪日外国人旅行者数は 2,869 万人となり、5 年連続で過去最高を更新しました（図 1 - 2 参照）。今後、2020 年の訪日外国人旅行者数 4,000 万人という政府目標の達成に向け、これらの訪日客の宿泊の場を確保することが我が国の喫緊の課題となっています。

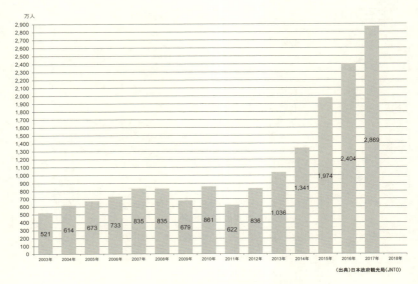

図1－2　訪日外国人旅行者数の推移

　また、近年、訪日外国人旅行者が急増していること等を背景とし
て、様々な地域において宿泊サービスの利用に関するニーズが高
まっているところ、現状では、特に都市部において、そのニーズに
応え得るほどの十分な宿泊施設の数が不足しているところが見ら
れ、希望する日時に宿泊先を確保することができないという事態が
発生しています。同時に、訪日外国人旅行者の間では、日本的な家
屋の利用体験や、日本での居住の疑似体験ができる住宅で宿泊サー
ビスを利用したい、などといったニーズの多様化が起きています。
　他方、人口減少社会を背景に、近年、空き家・空き室となってい
る住宅が急増しており、宿泊サービスを提供する住宅所有者の側か
らも、宿泊施設として、その有効活用を図りたいというニーズが高
まっています。

　このような状況の中、宿泊サービスの利用側・提供側双方のニーズを満たす新たな形態のサービスとしての民泊サービスの活用を図ることが急務となっています。一方、民泊については、訪日外国人旅行者に安全・快適な宿泊サービスの提供の確保とともに、感染症のまん延防止等の公衆衛生の確保や、地域住民等とのトラブル防止に留意したルールづくりが必要となっており、本法は、このような課題に対応するため制定されました。

　本法は平成30年6月15日に施行を迎えましたが、急速に変化する社会情勢に早急な対応が求められるという背景のもと制定されたものであり、制度運用開始後の普及状況などを踏まえ、見直しが見込まれます。

　法附則においては、施行後3年の経過後に見直しを講じることとされています。

第2章　民泊制度の概要

●●1　住宅宿泊事業法の対象は3種類の事業者

　住宅宿泊事業法においては、制度の一体的かつ円滑な執行を確保するため、「住宅宿泊事業者」「住宅宿泊管理業者」「住宅宿泊仲介業者」という3つのプレーヤーが位置づけられており、それぞれに対して役割や義務等が決められています。

①「住宅宿泊事業者」

　住宅宿泊事業法第3条第1項の届出をして、住宅宿泊事業を営む者

②「住宅宿泊管理業者」

　住宅宿泊事業法第22条第1項の登録を受けて、住宅宿泊管理業を営む者。住宅宿泊事業者から委託を受けて住宅宿泊事業の用に供する住宅の「住宅宿泊管理業務」を行う。

③「住宅宿泊仲介業者」

　住宅宿泊事業法第46条第1項の登録を受けて、住宅宿泊仲介業を営む者。宿泊者と住宅宿泊事業者の仲介を行う。

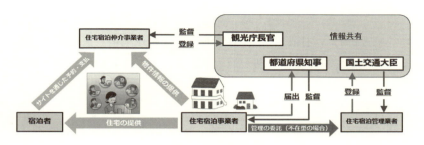

図1－3　関係図

■関係条項等

○法第3条第1項（P123）、第22条第1項（P127）、第46条第1項
　（P133）

●●2　住宅宿泊事業法と関連法の関係

（1）旅館業法の関係

　宿泊営業の実施に当たっては、原則、旅館業法（昭和23年法律
第138号）に基づく許可が必要です。同法において、「旅館・ホテ
ル営業」は「施設を設け、宿泊料を受けて、人を宿泊させる営業
で、簡易宿所営業及び下宿営業以外のもの」と定められており、宿
泊営業は、旅館・ホテル営業、簡易宿所営業、下宿営業のいずれか
に該当することとなるため、旅館業法は宿泊営業の一般法となって
います。

　一方、一定のルールの範囲内で、一定の設備を備えた居住性のあ
る施設において宿泊営業が行われる場合には「住宅宿泊事業」とし
て、必要な届出を行った場合には、旅館業法上の許可を得ずに宿泊
営業を実施できることとされています。

　このため、住宅宿泊事業法は旅館業法に対する特別法の関係と
なっています。住宅宿泊事業を営んでいた事業者が、例えば、180

日以上の宿泊営業を行った場合など、住宅宿泊事業の定義に該当しない営業を行った場合には、特別法としての住宅宿泊事業法ではなく、一般法である旅館業法が適用されることとなります。

（2）旅行業法の関係

　宿泊サービスの仲介の実施に当たっては、旅行業法（昭和27年法律第239号）に基づく登録が必要となります。しかしながら、住宅宿泊事業法に基づき観光庁長官に登録申請をした者は、旅行業法の規定にかかわらず住宅宿泊仲介業（届出住宅における宿泊サービスの仲介を行う事業）を行うことができることとされています。すなわち、住宅宿泊仲介業に関しては、旅行業法が一般法、住宅宿泊事業法が特別法という位置づけになります。

■関係条項等
○法第2条第3項（P122）

○旅館業法

> **第2条**　この法律で「旅館業」とは、旅館・ホテル営業、簡易宿所営業及び下宿営業をいう。
> 2　この法律で「旅館・ホテル営業」とは、施設を設け、宿泊料を受けて、人を宿泊させる営業で、簡易宿所営業及び下宿営業以外のものをいう。
> 3　この法律で「簡易宿所営業」とは、宿泊する場所を多数人で共用する構造及び設備を主とする施設を設け、宿泊料を受けて、人を宿泊させる営業で、下宿営業以外のものをいう。
> 4　この法律で「下宿営業」とは、施設を設け、1月以上の期間を単位とする宿泊料を受けて、人を宿泊させる営業をいう。
> 5　この法律で「宿泊」とは、寝具を使用して前各項の施設を利用することをいう。
> **第3条**　旅館業を営もうとする者は、都道府県知事（保健所を設置する市又は特別区にあつては、市長又は区長。第4項を除き、以下同じ。）の許

> 可を受けなければならない。ただし、旅館・ホテル営業又は簡易宿所営
> 業の許可を受けた者が、当該施設において下宿営業を営もうとする場合
> は、この限りでない。
>
> 2～6　（略）

○旅行業法

> （登録）
> 第3条　旅行業又は旅行業者代理業を営もうとする者は、観光庁長官の行
> う登録を受けなければならない。

●●3　政省令やガイドライン等の位置づけ

　住宅宿泊事業法の規定に基づき、詳細のルールについては、政令
や省令に委任がなされており、住宅宿泊事業法施行令（平成29年
政令第273号。以下「令」という。）、住宅宿泊事業法施行規則（平
成29年厚生労働省・国土交通省令第2号。以下「国・厚規則」と
いう。）、国土交通省関係住宅宿泊事業法施行規則（平成29年国土
交通省令第65号。以下「国規則」という。）及び厚生労働省関係住
宅宿泊事業法施行規則（平成29年厚生労働省令第117号。以下
「厚規則」という。）等で定められています。また、住宅宿泊事業法
及び関係の政省令に関する規定の解釈及び留意事項等については、
住宅宿泊事業法施行要領（ガイドライン）（以下「ガイドライン」
という。）に記載され、都道府県知事等に通知されているところで
す。

●●4　各民泊サービスの形態の特徴（旅館業法の許可、特区民泊の認定、新法の届出の比較）

　平成30年6月の住宅宿泊事業法の施行以降は、日本国内でいわゆる民泊を行う場合には、

（1）旅館業法の許可を得る

（2）国家戦略特区法（平成25年法律第107号）（特区民泊）の認定を得る

（3）住宅宿泊事業法の届出を行う

などの方法から選択することとなります。

これらの制度概要を比較すると、次の通りとなります。

	（1）旅館業法（簡易宿所）	（2）国家戦略特区法（特区民泊に係る部分）	（3）住宅宿泊事業法
所管省庁	厚生労働省	内閣府（厚生労働省）	国土交通省 厚生労働省 観光庁
許認可等	許可	認定	届出
住専地域での営業	不可	可能（認定を行う自治体ごとに、制限している場合あり）	可能 条例により制限されている場合あり
営業日数の制限	制限なし	2泊3日以上の滞在が条件（下限日数は条例により定めるが、年間営業日数の上限は設けていない）	年間提供日数180日以内（条例で実施期間の制限が可能）
宿泊者名簿の作成・保存義務	あり	あり	あり
玄関帳場の設置義務（構造基準）	なし	なし	なし

最低床面積、最低床面積（3.3㎡/人）の確保	最低床面積あり（宿泊者数10人未満の場合3.3㎡/人）	原則25㎡以上/室	最低床面積あり（3.3㎡/人）
衛生措置	換気、採光、照明、防湿、清潔等の措置	換気、採光、照明、防湿、清潔等の措置、使用の開始時に清潔な居室の提供	換気、除湿、清潔等の措置、定期的な清掃等
非常用照明等の安全確保の措置義務	あり	あり 6泊7日以上の滞在期間の施設の場合は不要	あり 家主同居で宿泊室の面積が小さい場合は不要
消防用設備等の設置	あり	あり	あり 家主同居で宿泊室の面積が小さい場合は不要
近隣住民とのトラブル防止措置	不要	必要 （近隣住民への適切な説明、苦情及び問合せに適切に対応するための体制及び周知方法、その連絡先の確保）	必要 （宿泊者への説明義務、苦情対応の義務）
不在時の管理業者への委託業務	規定なし	規定なし	規定あり

（1）旅館業法について

　　旅館業法は、旅館業の業務の適正な運営を確保すること等により、旅館業の健全な発達を図るとともに、旅館業の分野における利用者の需要の高度化及び多様化に対応したサービスの提供を促進し、もって公衆衛生及び国民生活の向上に寄与することを目的に定められた法律です。

　　この法律では、旅館業法上の宿泊営業は「宿泊料を受けて人を宿泊させる営業」と定義されており、「宿泊」とは「寝具を使用して

施設を利用すること」とされています。この旅館業法の宿泊営業を行う場合は、同法に基づく営業許可を得なければならないこととなっています。

　なお、営業許可を要するかどうかの判断基準は、①施設の管理・経営形態を総体的にみて、宿泊者のいる部屋を含め施設の衛生上の維持管理責任が営業者にあると社会通念上認められること、②施設を利用する宿泊者がその宿泊する部屋に生活の本拠を有さないこととなります。

　住宅を利用する場合であっても、有償で繰り返し、宿泊所として提供する「民泊サービス」を行うことは基本的に旅館業法の宿泊営業にあたるため、旅館業法に基づく許可を得ることが必要となります。旅館業法に基づく許可にはいくつかの種別がありますが、住宅宿泊事業の届出をせずに民泊サービスを行う場合には、簡易宿所営業で許可を取得するのが一般的です。

＜旅館業の種別＞

①旅館・ホテル営業
　　施設を設け、宿泊料を受けて、人を宿泊させる営業で、簡易宿所営業及び下宿営業以外のもの
②簡易宿所営業
　　宿泊する場所を多数人で共用する構造及び設備を設け、宿泊料を受けて、人を宿泊させる営業
③下宿営業
　　施設を設け、1月以上の期間を単位とする宿泊料を受けて、人を宿泊させる営業

　許可の取得にあたっては、使用する施設の構造設備が法令の基準を満たす必要があります。そして、許可を得るためには、民泊サービスを行う予定の施設（住宅）の所在する都道府県（保健所を設置する市、特別区を含む。）の保健所に申請する必要があります。

　なお、平成 28 年 4 月に簡易宿所の許可基準（最低床面積の基準）が緩和され、従来よりも容易に簡易宿所営業の許可を取得できるようになりました。

（2）特区民泊

　国家戦略特別区域法に基づく旅館業法の特例、いわゆる「特区民泊（国家戦略特別区域外国人滞在施設経営事業）」とは、外国人旅客の滞在に適した施設を賃貸借契約及びこれに付随する契約に基づき一定期間以上使用させるとともに、当該施設の使用方法に関する外国語を用いた案内その他の外国人旅客の滞在に必要な役務を提供する事業として政令で定める要件に該当する事業とされています。

　東京都大田区をはじめとして、大阪府や大阪市など国家戦略特区の区域として指定された地域で取り組まれています。

（3）住宅宿泊事業法

　住宅宿泊事業法における住宅宿泊事業とは、旅館業法第 3 条第 1 項の規定にかかわらず、都道府県知事等に届出をすることにより、1 年間で 180 日を超えない範囲で住宅において人を宿泊させることができる事業をいいます。

●●5　住宅宿泊事業の実施の際に留意すべき事項

　住宅宿泊事業の業務開始までの一般的な流れは以下のとおりとなります。

届出者の対応		
	届出前に必要な準備	**事業開始まで必要な準備**
	☐ 提出先となる地方自治体の部署を確認	☐ 排出されるごみの処理方法についての確認
	☐ （共同住宅の場合）マンション管理規約等で、住宅宿泊事業が禁止されていないことの確認・賃貸住宅等の場合、賃貸人等に賃貸住宅等の契約確認 ☐ （住宅宿泊管理業者へ委託が必要な場合）住宅宿泊管理業者と契約を締結	☐ 水質汚濁防止法・下水道法・温泉法への対応の相談 ☐ その他の法令について確認 ☐ 運用体制の整備として、定期的な清掃・外国語対応・宿泊者名簿等の確認
	☐ 条例の制定有無の確認及び、条例が制定されている場合、住宅宿泊事業の実施が可能な区域・期間等の確認 ☐ 地区計画の確認、市街化調整区域内にある場合の手続きについて確認 ☐ 届出住宅の所在地を管轄する消防本部へ、消防法令適合通知書の交付手続き（消防用設備の設置等についての相談・確認等） ☐ 住宅宿泊事業法第6条に基づく非常用照明器具の設置、避難経路の表示等の確認⇒住宅の図面に措置を記載	☐ 保険の加入手続き（任意）
	☐ 届出に必要な提出書類の準備 ☐ 電子署名の準備として、個人の場合はマイナンバーカード及びマイナンバーカードに対応したICカードリーダライターの準備、法人の場合は登記所へ事前申請	
届出（※原則、民泊制度運営システムを利用）		
行政担当者の対応		
・届出内容、添付書類等の確認⇒受理（不備等があれば、届出者に対して不備解消を指示） ・住宅宿泊事業者にすみやかに届出番号を通知（民泊制度運営システムからメールを送信） ・住宅宿泊事業者にラミネート加工等を施した標識を発行		
事業開始		

第2編
ここが知りたい！
民泊事業Ｑ＆Ａ

第1章 部屋を貸したい人 ―住宅宿泊事業―

1 総論・定義関係

〔住宅宿泊事業の範囲〕

Q1 どのようなサービスを提供する場合に住宅宿泊事業に該当しますか。住宅宿泊事業の定義に該当する場合、必ず届出をしなければならないのですか。

A1 「①宿泊料を受けて」「②1年間で180日を超えない範囲で」「③住宅に人を宿泊させる事業」が住宅宿泊事業に該当します。

通常、①～③に該当するサービス提供をする場合には、旅館業法に基づく営業許可を得なければなりませんが、住宅宿泊事業を営む旨の届出をすることにより、旅館業法上の営業許可がなくとも住宅宿泊事業を営むことができます。既に住宅において旅館業法上の営業許可を得ている場合には、当該住宅において住宅宿泊事業として届出をして宿泊営業を行うことはできません。

無償で人を宿泊させる場合や、事業といえる程度の反復継続性・社会性がないような宿泊サービス提供など、旅館業法において営業許可を要しない行為については、住宅宿泊事業にも該当しないため、住宅に人を宿泊させる場合であっても、住宅宿泊事業の届出をする必要はありません。

なお、宿泊営業に該当するか否かについては、「施設の管理・経営形態を総体的にみて、宿泊者のいる部屋を含め施設の衛生上

の維持管理責任が営業者にあると社会通念上認められること」「施設を利用する宿泊者がその宿泊する部屋に生活の本拠を有さないことを原則として、営業しているものであること」の２点に該当するものについては、宿泊営業に該当することとされています。

　旅館業法上の営業許可を得ず、住宅宿泊事業を営む旨の届出もせずに住宅宿泊事業を営んだ場合には、旅館業法上の無許可営業となり、旅館業法違反に問われることとなります。

■**関係条項等**
○法第２条第３項（P122）、第３条第１項（P123）

＜こちらも参考！＞
○ガイドライン１－１.（２）②（P168）

〔**住宅宿泊事業法の「住宅」**〕

Q2　賃貸住宅や別荘は住宅宿泊事業法の「住宅」に該当しますか。

A2　住宅宿泊事業法の住宅は、台所・浴室・便所・洗面設備を備えている必要があるとともに、人の居住の用に供されていると認められるものであることが要件となっています。

　一般に賃貸住宅や別荘と呼ばれるものであっても、実態としてこれらの要件を満たしているかどうかにより住宅宿泊事業法の住宅に該当するか否か判断されることになります。

（1）設備の有無

　設備に関しては、必ずしも1棟の建物内に設けられている必要はなく、同一敷地内の複数の建物を一体的に使用する権原があるのであれば、例えば、浴室のない「離れ」を浴室のある「母屋」と併せて1つの住宅として届け出ることができます。

　また、3点ユニットバスのように、1つの設備が複数の設備（浴室、便所、洗面設備）を兼ねている場合には、それぞれの設備があるとみなされます。これらの設備は、一般的に求められる機能があればよく、例えば浴室はシャワーがあれば足り、便所は和式・洋式等の別は問われません。

（2）居住性

　人の居住の用に供されていると認められるか否かに関しては、居住の形態として3つの類型があり、「①現に人の生活の本拠として使用されている」「②入居者の募集が行われている」「③随時その所有者、賃借人又は転借人の居住の用に供されている」のいずれかに該当する必要があります。

　①については、住民票上の住所となっているものが該当します。②については、売却又は賃貸の形態で入居者の募集を行っているものが該当します。③については、居住といえる使用履歴が一切ないものを除き、少なくとも年1回以上使用しているものが該当します。一般的には賃貸住宅の空き室は②に、別荘は③に該当することが多いものと考えられます。

■関係条項等

○法第2条第1項（P122）
○規則第1条、第2条（P142）

○ガイドライン1−1.（1）①、②、③（P168）

〔新築の民泊専用マンションの可否〕

Q3 新たに住宅宿泊事業専用のマンションを建設して営業することはできますか。

A3 住宅宿泊事業は、「住宅」に人を宿泊させる事業であり、住宅宿泊事業法における「住宅」は、人の居住の用に供されていると認められるものであることが必要です。現に人の生活の本拠として使用されておらず、分譲や賃貸の形態で入居者の募集を行っておらず、居住といえる使用履歴が一切ない民泊専用の新築マンションは、人の居住の用に供されていると認められるものに該当しないため、住宅宿泊事業を営むことはできません。

　なお、マンションの場合には、住宅宿泊事業の届出の単位は、一般的に住戸ごととなるため、人の居住の用に供されているか否かについては住戸ごとに判断されることになります。

■関係条項等
○法第2条第1項（P122）
○規則第2条（P142）
○ガイドライン1−1.（1）②（P168）

〔年間180日の日数制限〕

Q4 年間180日の日数制限とは何ですか。どのように算定されますか。

A4　住宅宿泊事業は、人を宿泊させる日数が１年間で180日を超えないものとされています。宿泊料を受けて、１年間で180日を超えて人を宿泊させた場合には、住宅宿泊事業の届出をしていたとしても、**181日目以降の宿泊サービス提供は住宅宿泊事業とはみなされません。**

　この場合、旅館業法上の無許可営業となり刑罰の対象となり得るため、人を宿泊させる日数が１年間で180日を超えることがないよう宿泊実績を記録して自ら確認するなど十分に留意することが必要です。

（1）日数の算定方法

　日数の算定は、各年の４月１日正午から翌年の４月１日正午までの間の１年間について、実際に人が宿泊した日数に基づいて行います。また、正午から翌日の正午までの間に宿泊行為があった場合には、滞在時間の長短にかかわらず１日と算定します。

（2）日数算定の単位

　日数算定の単位は届け出た住宅であるため、**住宅内に複数の居室がある場合、１室でも宿泊サービスを提供した居室があれば、空き室があったとしても住宅全体として１日と算定されます。**また、**複数の居室にそれぞれ異なるグループが宿泊する場合であっても住宅全体として１日と算定されます。**

　一方、複数の住戸のあるマンションにおいて、**それぞれの住戸で個別に届出をしている場合には、住戸ごとに日数を算定します。**

　なお、人を宿泊させた日数は、住宅の所有者が変わった場合な

ど、年度中に住宅宿泊事業者が変わったとしても、住宅ごとに通算することとなります。このため、中古住宅で新たに住宅宿泊事業を開始しようとする場合には、当該住宅における年度中の宿泊実績を都道府県等に予め確認することがトラブル防止につながります。

■関係条項等
○法第2条第3項（P122）
○規則第3条（P143）
○ガイドライン1－1．（2）①（P169）

〔家主居住型と家主不在型〕

Q5 いわゆる家主居住型、家主不在型とはどのように区別されますか。

A5 一般的に、人を宿泊させている間に住宅宿泊事業者が住宅内に滞在するタイプの住宅宿泊事業を「家主居住型」、住宅宿泊事業者が住宅を不在にするタイプを「家主不在型」と呼びますが、法律上の明確な定義がされているわけではありません。原則として家主不在型の住宅宿泊事業を営む場合には住宅宿泊管理業者に住宅宿泊管理業務を委託する義務があります。

　住宅宿泊管理業者への委託義務は法律上の定めがあり、住宅宿泊事業法第11条において規定されています。人を宿泊させる間に住宅を不在にする場合には、原則として住宅宿泊管理業者への委託義務が生じますが、不在にする時間が短い場合などには委託義務が免除されます（委託義務の詳細についてはA 17（P43）参

照）。

　家主不在型の住宅宿泊事業については、住宅宿泊管理業者への委託義務のほか、宿泊者の安全の確保措置についての義務や、消防法の適用が家主居住型の場合と異なることがありますが、どのような場合が「家主不在型」に該当するかは、それぞれの法令の規定によって異なる場合があるため、詳細を確認することが必要です。

　なお、法第6条の宿泊者の安全の確保の観点から「家主同居」という概念が定められていますが、これは委託義務のかからない「家主居住」より狭義の捉え方です。委託義務のかからない「家主居住」には、家主が届出住宅の同一敷地内に居住している場合等が含まれますが、「家主同居」はこうした場合を含まない、より厳密な意味での「同居」を指しています。

■関係条項等

○法第11条第1項（P125）

○規則第9条（P146）

○ガイドライン2－2.（7）①（P184）、③、④（P185）

＜こちらも参考！＞

・法第6条第1項（P125）

・国規則第1条（P153）

・告示第1、第2（P165）

〔食事の提供〕

Q6 民泊サービスの一環として食事を提供しても構いません

か。

A6 法においては、特に定めはありませんが、人を宿泊させる以外のサービスを提供する場合には他の関連法令も遵守することが必要です。例えば、**食事を提供する場合には食品衛生法に従う必要**があります。

　なお、独立した事業として人を宿泊させる以外のサービスを提供する場合には、住宅宿泊事業の届出をした住宅が法上の「住宅」に該当しなくなる可能性があるため注意が必要です。

■関係条項等
○ガイドライン2-1.（2）③（P176）

＜こちらも参考！＞
・法第2条第1項（P122）
・規則第2条（P142）

〔欠格事由〕

Q7 住宅宿泊事業を営むことのできない人はどのような人ですか。

A7 住宅宿泊事業者には、法第4条に定めるとおり欠格事由があり、該当する個人又は法人は住宅宿泊事業を営むことができません。

　欠格事由は、おおまかには以下のとおりとなっています。

①成年被後見人又は被保佐人

②破産者

③廃業を命ぜられ、3年を経過しない者

④刑罰等の執行後、3年を経過しない者

⑤暴力団員等

⑥未成年者で法定代理人が①〜⑤のいずれかに該当するもの

⑦法人で、役員のうち①〜⑤のいずれかに該当する者がある
　もの

⑧暴力団員等がその事業活動を支配する者

　住宅宿泊事業を営む旨の届出に際しては、この欠格事由に該当しない旨を誓約する書面を提出する必要があり、虚偽の届出をした場合には、刑罰の対象になります。

　また、住宅宿泊事業を営む旨の届出に際しては、区分所有マンションにおいては、マンション管理規約に住宅宿泊事業を営むことを禁止する旨の定めがない旨等を届け出ることとされており、住宅宿泊事業を営むことが禁止されている区分所有マンションでは、住宅宿泊事業を営むことはできません（A 14（P37）参照）。

　賃貸住宅においても、住宅宿泊事業を営もうとする人が賃借人や転借人である場合には、賃貸人や転貸人が住宅宿泊事業の用に供することを目的とした転借物の転貸を承諾している旨を届け出ることとされており、承諾がない場合には、住宅宿泊事業を営むことはできません（A 14（P37）参照）。

■関係条項等

○法第3条第1項、第2項、第3項（P123）、第4条第1項（P124）

○規則第４条第３項、第４項（P143）
○ガイドライン２－１．（１）、（２）、（３）（P172）

〔宿泊拒否制限〕

Q8 ホテルや旅館のように、宿泊拒否には制限があります
か。

A8 法には宿泊拒否制限についての定めがなく、合理的な範
囲で宿泊者に対して一定の要件を課しても法に違反することには
なりません。ただし、宿泊拒否の理由が差別的なものである場合
や偏見に基づくものである場合には、不適切となることもあると
されています。

　なお、法第５条では、居室の宿泊者１人当たりの床面積を3.3
㎡以上確保しなければならないこととなっているため、**必要な床
面積を確保できないほど多人数の者が宿泊を希望した場合には、
宿泊を制限しなければならないこととなります。**

■関係条項等
○ガイドライン１－１．（２）②（P170）

＜こちらも参考！＞
・法第５条（P124）
・厚規則（P165）
・ガイドライン２－２．（１）①（P179）

2　届出関係

〔届出前の準備〕

Q9 住宅宿泊事業の届出を行う前にどのような準備が必要ですか。

A9 第一に**十分な情報収集**を行うことが必要です。マンションや賃貸住宅で住宅宿泊事業を営もうとする場合には、**マンション管理規約や賃貸借契約で住宅宿泊事業を営むことが禁止されて**いないか確認しなければなりません（A14（P37）参照）。また、法第18条に基づく**条例で住宅宿泊事業を営む上での制約がない**か予め把握した上で事業の開始に臨むことが必要です。

このほか、消防法令に基づき設備や防火管理体制等に関する規制を受ける場合や、**市町村の火災予防条例に基づき防火対象物使用開始届出書の提出が必要**となる場合があるため、予め建物の所在地を管轄する消防署等に確認する必要があります。

住宅宿泊事業を営む旨の届出時には、**消防法令適合通知書の提出**を都道府県知事等から求められる場合があるため、予め入手しておくことが望ましいと考えられます。

また、届出住宅は、**水質汚濁防止法上の特定施設に該当し、同法の規制の適用を受け、特定施設の届出が必要**となることがあるため、留意する必要があります。

住宅宿泊事業を円滑に営む上では、周辺地域の住民からの苦情等に適切に対応するため、**予め周辺住民の理解を得ておくことが重要**になります。ガイドラインでは住宅宿泊事業を営む旨の届出を行うに当たって、届出者から周辺住民に対し住宅宿泊事業を営

む旨を事前に説明することが望ましいこととされています。

■**関係条項等**

○ガイドライン２－１.（１）④（P173）、（３）②（P179）、２－２.（２）
③（P181）

＜こちらも参考！＞

・法第18条第1項（P127）

・令第1条（P141）

・ガイドライン２－４.（１）（P188）

〔届出の単位〕

Q10 届出はどのような単位で行う必要がありますか。１事業者で複数の住宅の届出をすることはできますか。

A10 届出は住宅を単位として行う必要があり、「住宅」とはＡ２（P21）のとおり、台所・浴室・便所・洗面設備を備えている必要があるとともに、人の居住の用に供されていると認められるものであることが要件となっています。この要件を満たしていれば、建物の一部分のみを住宅として届け出ることも可能です。

また、マンションなどの共同住宅については、一般的には住戸が届出の単位となりますが、寄宿舎のように住戸外に共用の浴室や便所がある場合に、住戸と共用の設備をセットとして「住宅」として届け出ることも可能です。ただし、住宅宿泊事業は１住宅について、１事業者による届出のみが可能であり、既に届出がされている「住宅」について重複して届け出ることはできません。

　　1事業者が複数の住宅の届出をすることは可能ですが、届出した住宅の居室の数が合計で5を超える場合には、少なくとも超過分の住宅については、住宅宿泊管理業者に委託しなければなりません。

■関係条項等
○法第2条第1項（P122）、第3条第2項（P123）
○規則第1条、第2条（P142）
○ガイドライン1－1.（1）（P168）、2－1.（1）②、③（P172）、（2）③（P176）

＜こちらも参考！＞
・法第11条第1項（P125）
・規則第9条第2項（P146）

〔届出手続きの外部委託〕

Q11 届出の手続きを外部に委託することができますか。複数人で共同して届出することができますか。

A11 届出の手続きを**他者に委託**して行うことは可能ですが、届出を受け付ける都道府県知事等は届出の真正性を確認するために**委任状等を確認する**こととなるため、そうした書類を用意しておくことが必要となります。また、委託を受けて届出の手続きを行う者は**行政書士法等の法令を遵守する**ことが求められます。
　　住宅宿泊事業の届出は、A10（P31）のとおり、1住宅について、1事業者に限り届出が可能ですが、住宅の共同所有者など事

業を共同で実施している者であれば連名で届出することができます。

■関係条項等

○ガイドライン2－1．（1）②、③（P172）、⑤（P173）

〔民泊制度運営システム〕

Q12 民泊制度運営システムを用いた届出の手続きはどのように行いますか。

A12 民泊制度運営システムについては、国土交通省のホームページに開設されている「民泊制度ポータルサイト」からアクセスすることで利用することができます。

　本システムにおいて住宅宿泊事業の届出を行うために、次のような利用方法が可能になっています。

①書類の提出も含めた届出の手続きを全て本システム上で行う。
②届出等の作成及び一部書類の提出を本システム上で行い、その他の書類については窓口に提出する。
③届出等の作成のみ本システム上で行い、書類の提出は窓口にて行う。

①による手続きの流れは、以下のとおりです。

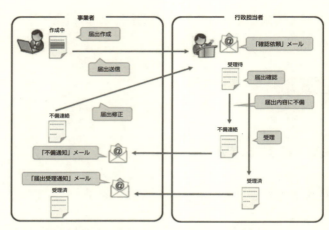

②③による手続きの流れは、以下のとおりです。

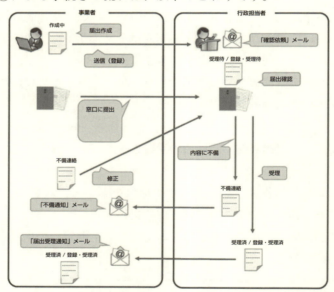

　なお、届出者の捺印が必要とされている書類（届出書、欠格事由に該当しないことの誓約書）を本システムから申請する場合においては、電子署名が必要となりますので、本システム外で署名

を行う必要があります。

■関係条項等

〇ガイドライン2-1.（1）①（P172）

〔確認が必要となる事項〕

Q13 住宅宿泊事業を行おうとする住宅について、部屋の面積等どのような事項について確認する必要がありますか。

A13 住宅宿泊事業を実施するにあたっては、届け出ようとする住宅が次のいずれに該当するか、実態に応じて届出書に記載する必要があります。

> ①**一戸建ての住宅**（屋内で行き来できる二世帯住宅を含む）
> ②**長屋**（一の建物を複数世帯向けの複数の住戸として利用し、住戸ごとに各設備を有するもので、共用部分を有しないもの）
> ③**共同住宅**（一の建物を複数世帯向けの複数の住戸として利用し、住戸ごとに各設備を有するもので、共用部分を有するもの）
> ④**寄宿舎**（一の建物を複数世帯向けの複数の住戸として利用し、複数住戸で各設備を共用するもの）

　加えて、住宅宿泊事業の届出書には、**居室、宿泊室及び宿泊者の使用に供する部分のそれぞれの床面積を記載する必要があります**。居室の面積については内寸面積で、宿泊室及び宿泊者の使用

に供する部分の面積は壁芯面積で算定することとなっています。

　宿泊室等の床面積について把握が必要となるのは、法第6条に基づき、床面積や住宅の建て方等に応じて、**非常用照明器具の設置や避難経路の表示等、宿泊者の安全の確保を図るために必要な措置を講じなければならないため**です。国土交通省告示（非常用照明器具の設置方法及び火災その他の災害が発生した場合における宿泊者の安全の確保を図るために必要な措置を定める件）に基づいて求められる具体的な措置の内容については、上記①〜④に掲げる届出住宅の建て方と規模等に応じて下記の表のとおりとなります。

　このほか、区分所有マンションの場合には、マンション管理規約に住宅宿泊事業を営むことを禁止する旨の定めがない旨（規約に住宅宿泊事業を営むことについての定めがない場合には、管理組合に住宅宿泊事業を営むことを禁止する意思がない旨）についても確認し、届け出ることが必要です（A14（P37）参照）。

安全措置の内容（告示の条項）	届出住宅の建て方と規模等			
	一戸建ての住宅、長屋		共同住宅、寄宿舎	
	家主同居※1で宿泊室の床面積が50㎡以下	左記以外	家主同居※1で宿泊室の床面積が50㎡以下	左記以外
非常用照明器具（第一）	×	○	×	○
防火の区画等（第二第一号）	×	○ ※複数のグループが複数の宿泊室に宿泊する場合のみ	×	○ ※複数のグループが複数の宿泊室に宿泊する場合のみ
その他の安全措置（第二第二号イ〜ホ）	○※2		×	

○：適用あり（原則措置が必要）　×：適用なし（特段の措置不要）
※１　届出住宅に住宅宿泊事業者が居住しており、不在（法第11条第１項第
　　２号の一時的なものは除く。）とならない場合を指します。
※２　宿泊者の使用に供する部分等の床面積や階数が一定以下である届出住宅
　　の場合は不要となります。

■関係条項等
○法第３条第２項、第３項（P123）、第６条（P125）
○規則第４条第３項（P143）
○国規則第１条（P153）
○告示（P165）
○ガイドライン２－１．（２）①（P173）、２－２．（２）①、②（P180）

〔マンションや借家での留意点〕

Q14 マンションや借家で住宅宿泊事業を行う場合に、どのよ
うな留意点がありますか。
・・・・・・・・・・・・・・・・・・・・・・・・・・・・・・・・・・・・・・
A14 住宅宿泊事業は、一般的には、届出者が正当な使用権原
を有する住宅であれば、**所有・賃借等の権原の形態を問わず、実
施することが可能です**。区分所有マンションや借家であっても、
正当な使用権原があれば住宅宿泊事業を実施することが可能です
が、マンション管理規約や賃貸借契約において、民泊としての使
用が制限されている場合には、住宅宿泊事業を実施することがで
きないこともあります。

（１）区分所有マンション
　区分所有マンションについては、住宅宿泊事業を営む旨の届出

にあたっては、マンション管理規約に住宅宿泊事業を営むことを禁止する旨の定めがないことを届け出なければならないため、禁止の定めがあるときは、適法に住宅宿泊事業を営むことはできません。

　また、マンション管理規約に住宅宿泊事業を営むことについての定めがない場合は、管理組合に住宅宿泊事業を営むことを禁止する意思がない旨を届け出る必要があり、管理組合の総会や理事会において住宅宿泊事業を営むことを禁止する方針の決議がないことを確認する必要があります。

　届出書の添付書類としては、専有部分の用途に関する規約の写しのほか、届出者が管理組合に事前に事業の実施を報告し、届出時点で住宅宿泊事業を禁止する方針が総会や理事会で決議されていない旨を確認した誓約書等が必要となります。

（2）賃貸住宅

　借家についても同様に、賃貸人（転貸借の場合には転貸人を含む。）が住宅宿泊事業の用に供することを目的とした賃借物の転貸を承諾している旨を届け出なければならないため、承諾がない場合には、適法に住宅宿泊事業を営むことはできません。

　届出書の添付書類としては、賃貸人（及び転貸人）が住宅宿泊事業の用に供することを目的とした賃借物の転貸を承諾したことを証する書面が該当し、例えば、転貸条件において住宅宿泊事業を営むことを認める旨の記載がある賃貸住宅の賃貸借契約書の写しなどが考えられます。

■関係条項等
○法第3条第2項、第3項（P123）

○規則第４条第３項、第４項（P143）
○ガイドライン２－１．（２）①（P173）、（3）①（P176）

〔届出書の添付書類〕

Q15 届出書に添付する書類はどのようなものですか。

A15 住宅宿泊事業の届出書には、次の書類を添付する必要が
あります。加えて、届出者が個人の場合で、住基ネットの活用に
よる届出者の実在が確認できない場合には、住民票の抄本の提出
が求められる場合があります。

①成年被後見人及び被保佐人に該当しない旨の後見等登記事
　項証明書（法人の場合は役員のもの）
②成年被後見人及び被保佐人とみなされる者並びに破産手続
　開始の決定を受けて復権を得ない者に該当しない旨の市町
　村長の証明書（法人の場合は役員のもの）
③住宅の登記事項証明書
④入居者の募集の広告その他の当該住宅において入居者の募
　集が行われていることを証する書類（住宅が規則第２条第
　２号に掲げる家屋に該当する場合）
⑤当該住宅が随時その所有者、賃借人又は転借人の居住の用
　に供されていることを証する書類（住宅が規則第２条第３
　号に掲げる家屋に該当する場合）
⑥各設備の位置、間取り及び入口、階、居室・宿泊室・宿泊
　者の使用に供する部分の床面積を記載した住宅の図面
⑦賃貸人が住宅宿泊事業の用に供することを目的とした賃借

物の転貸を承諾したことを証する書面（届出者が賃借人である場合）

⑧賃貸人及び転貸人が住宅宿泊事業の用に供することを目的とした転借物の転貸を承諾したことを証する書面（届出者が転借人である場合）

⑨専有部分の用途に関する規約の写し（区分所有建物の場合）

⑩管理組合に届出住宅において住宅宿泊事業を営むことを禁止する意思がないことを確認したことを証する書面（区分所有建物で、規約に住宅宿泊事業を営むことについての定めがない場合）

⑪管理受託契約書の写し（住宅宿泊管理業者に住宅宿泊管理業務を委託する場合）

⑫欠格事由に該当しないことを誓約する書面

⑬定款又は寄付行為（法人の場合のみ）

⑭履歴事項全部証明書（法人の場合のみ）

⑮法定代理人の履歴事項全部証明書（未成年の個人で、法定代理人が法人の場合のみ）

このほか、届出住宅が消防法令に適合しているかどうかを確認するため、消防法令適合通知書の提出を都道府県知事等から求められる場合があるため、予め入手しておくことが望ましいと考えられます。

なお、一の事業者が複数の届出を行う場合等において、それらの届出を受ける都道府県等が当該事業者やその役員などについて、既存の届出書等により取得している情報については、その都道府県等の判断で書類の提出を省略できることになっているた

め、該当する場合は、都道府県等に問い合わせることで、手続き
が簡略化されることがあります。

■**関係条項等**
○法第3条第3項（P123）
○規則第4条第4項（P144）
○ガイドライン2－1．（3）（P176）

＜**こちらも参考！**＞
・規則第4条第6項（P145）

3　標識の掲示

〔標識掲示の注意点〕

Q16 標識を掲示する際はどのように行えばよいですか。

A16 住宅宿泊事業の標識は、家主居住型・家主不在型を問わ
ず、住宅宿泊事業者の責任において掲示しなければなりません。

（1）様式・素材

　標識の様式は、国・厚規則において定められており、「①家主
が同居する場合」「②家主が同居しないが住宅宿泊管理業者に委
託しない場合」「③住宅宿泊管理業者に委託する場合」の3パ
ターンが用意されています。

　標識は、様式に沿ったものを掲示しなければなりませんが、都
道府県等が発行する場合には、発行を受けたものを住宅宿泊事業

者が掲示することになります。自ら作成する場合には、**ラミネート加工等の風雨に耐性のあるものとすることが望ましいこと**とされています。

（2）掲示場所

　掲示場所については、公衆の見やすい場所に掲示しなければならず、**届出住宅の門扉・玄関等の概ね地上1.2メートル以上、1.8メートル以下**（表札等を掲げる門扉の高さから玄関ドアの標準寸法2メートルの高さ以内）で、公衆が見やすい位置とされています。

　マンション等については、個別の住戸に加えて、**共用エントランスや集合ポストなどの公衆が認識しやすい箇所に、標識の一部分などの簡素な標識をあわせて掲示することが望ましいこと**とされています。ただし、区分所有マンションについては、共有部分における掲示について予め管理組合と相談する必要があるものと考えられます。

　戸建て住宅の場合についても、**二世帯住宅で玄関が複数ある場合など、門扉や玄関等への掲示のみでは公衆にとって見やすいものとならない場合には、門扉・玄関等への掲示に加えて、公衆が認識しやすい箇所に簡素な標識を掲示することが望ましいこと**とされています。

（3）管理委託時の標識の掲示

　住宅宿泊管理業者に住宅宿泊管理業務を委託している場合であっても、**標識の掲示は住宅宿泊事業者の責任となる**ため、長期に届出住宅を不在にして標識を自ら管理することが難しい場合等には、標識の維持保全等について住宅宿泊管理業者に委託するな

どして、トラブルの防止に努めることが必要です。

■関係条項等
○法第13条第1項（P126）
○規則第11条（P147）
○ガイドライン2－2.（8）（P186）

4　住宅宿泊管理業務の委託の要否

〔住宅宿泊管理業者への委託義務と住宅宿泊管理業務〕

Q17 どのような場合に、住宅宿泊管理業者への委託の義務がありますか。住宅宿泊管理業務とは何ですか。

A17 いわゆる「家主不在型」の住宅宿泊事業を営むときは、「住宅宿泊管理業務」と呼ばれる法第5条から第10条までの規定による業務及び住宅宿泊事業の適切な実施のために必要な住宅の維持保全の業務を住宅宿泊管理業者に委託しなければならない義務があります（A40（P77）も参照）。

　より厳密な要件は法第11条第1項及び国・厚規則において定められており、具体的には「①届出住宅の居室の数が5を超えるとき」「②届出住宅に人を宿泊させる間に住宅宿泊事業者本人が不在となるとき」のいずれかに該当する場合となっています。

　当該要件にはいくつか例外が定められています。住宅宿泊事業者が登録を受けた住宅宿泊管理業者であって、自ら住宅宿泊管理業務を行う場合には、①又は②のいずれかに該当したとしても委託義務はかかりません。

43

　また、②の「不在となるとき」の要件については、日常生活を営む上で通常行われる行為に要する時間の範囲内の不在を除くこととしており、原則として「１時間」、交通事情等により生活必需品の購入等に長時間を要する場合には「２時間程度」まで、となっています。

　なお、宿泊客がチェックインした後で宿泊客全員が外出している間は、住宅宿泊事業者も不在となっても構わないこととされています。

　また、②の要件に関して、届出住宅に不在となる場合であっても、同一敷地内・同一建物内の住宅又は隣接する住宅が住宅宿泊事業者の生活の本拠となっており、住宅宿泊事業者が当該住宅内に居るために騒音等の生活環境の悪化が認識できる場合には、委託義務はかかりません。

　ただし、この場合であっても、当該住宅宿泊事業者が自ら住宅宿泊管理業務を行う居室の合計が５を超える場合には、住宅宿泊管理業者に委託しなければなりません。

　なお、住宅宿泊管理業務は、受託した住宅宿泊管理業者がその実施について一元的に責任を負うこととなるため、住宅宿泊管理業務を分割して複数の者に委託することはできません。ただし、住宅宿泊管理業務を受託した住宅宿泊管理業者の責任の下で業務の一部を他の専門事業者に再委託することや、委託義務のかからないいわゆる「家主居住型」の住宅宿泊事業を営む住宅宿泊事業者が自らの責任の下で届出住宅に居ながら清掃等の業務を他者に委託することは可能です（A19（P46）、A20（P48）、A53（P95）参照）。

■関係条項等

○法第11条第1項（P125）

○規則第9条（P146）

○ガイドライン1−1.（4）②（P171）、2−2.（7）（P184）

＜こちらも参考！＞

・法第35条、第36条（P130）

・ガイドライン3−2.（12）（P202）

〔委託業務の責任〕

Q18 住宅宿泊管理業者に委託する場合、業務の責任は誰が負うことになりますか。

A18 法第11条第1項に基づいて住宅宿泊管理業務を住宅宿泊管理業者に委託する場合には、その業務の責任は、法第36条の定めにより**受託した住宅宿泊管理業者が負う**ことになります。このため、業務が適切に実施されない場合には、住宅宿泊管理業者が国土交通大臣又は都道府県知事等の指導・監督を受けることになります。ただし、住宅宿泊事業者や宿泊者等の**故意や過失により生じた損害の賠償等について、管理受託契約において住宅宿泊管理業者の免責を定めることは認められます**。

「住宅宿泊管理業務」は、法第5条から第10条までの規定による業務及び住宅宿泊事業の適切な実施のために必要な住宅の維持保全の業務と定義されますが、より詳細な業務内容と業務範囲については、住宅宿泊事業者と住宅宿泊管理業者との間で締結される管理受託契約書において定められることとなります。このた

め、適切な管理受託契約の締結は、円滑な住宅宿泊管理業務の委託のため重要であり、国土交通省の定める「住宅宿泊管理受託標準契約書」などを参考にしながら検討することが必要です。

　住宅宿泊管理業者が受託した住宅宿泊管理業務の一部を他の専門業者に再委託することは認められていますが、その業務上の責任は、住宅宿泊管理業者が負うこととなるため、住宅宿泊管理業者には再委託業者に対する適切な監督が求められます。

　なお、個人情報保護法では、宿泊者名簿など個人情報の取扱いを住宅宿泊管理業者に委託した場合であっても依頼者である住宅宿泊事業者の監督責任を問われる場合があるため、個人情報の漏えい等の事案が発生したときは、個人情報保護委員会への報告が必要となります。

■関係条項等
○法第11条第2項（P126）、第36条（P131）
○国規則第14条（P156）、第17条（P157）
○ガイドライン３−２．（5）⑤（P200）、（11）③、（12）②（P202）

〔家主居住型の委託〕

Q19 家主居住型の場合でも委託することができますか。
・・・

A19 委託義務のかからないいわゆる「家主居住型」の住宅宿泊事業を営む住宅宿泊事業者が自らの責任の下で届出住宅に居ながら清掃等の業務を他者に委託することは可能です。この場合、必ずしも登録を受けた住宅宿泊管理業者に委託しなければならないわけではありません。

（1）法定外の委託（家主同居）の場合における届出上の取扱い等

　　法第11条第1項の規定により住宅宿泊管理業務を委託する場合には、住宅宿泊管理業者の名称、登録番号、管理受託契約の内容等について都道府県知事等に届け出なければなりませんが、法第11条第1項の規定によらない委託については、これらの事項について届出の必要はありません。

　　法第11条第1項の規定によらない任意の委託をする場合は、委託の相手が登録を受けた住宅宿泊管理業者であっても、管理責任が自らにあるため届出住宅を不在にすることは、短時間の不在等の例外を除き、認められません。

（2）法第11条の委託の場合における家主の同居等

　　また、法第11条第1項の規定による委託をしている間に必ず不在にしなくてはならないということもないため、**委託する住宅宿泊管理業者の名称、登録番号、管理受託契約の内容等を届け出た上で、家主である住宅宿泊事業者が届出住宅内で同居・滞在することは問題ありません。**この場合、住宅宿泊管理業務の実施に係る責任は、委託を受けた住宅宿泊管理業者が負うこととなります。

■関係条項等
○ガイドライン1-1.（4）②（P171）、2-2.（7）④（P185）

<こちらも参考！>
・法第11条第1項、第2項（P125）
・規則第4条第2項（P143）、第9条第3項（P146）
・ガイドライン2-2.（7）（P184）

〔業務の分割委託〕

Q20 複数の住宅宿泊管理業者に業務を分割して委託すること
ができますか。１事業者が複数の住宅で住宅宿泊事業を営む場
合、それぞれの住宅について別の住宅宿泊管理業者に委託するこ
とができますか。

A20 法第11条第１項の規定により住宅宿泊管理業務を委託
する場合には、１つの住宅宿泊管理業者に委託しなければならな
いこととされているため、複数の住宅宿泊管理業者に分割して委
託することはできません。

　ただし、住宅宿泊管理業務を受託した住宅宿泊管理業者が自ら
の責任の下で、業務の一部に限り、他の事業者に再委託すること
は可能です。業務の再委託については、管理受託契約の締結の際
に住宅宿泊管理業者が説明することとなっていますので、予め、
再委託の有無や予定される再委託先事業者を確認しておくことが
トラブルの防止につながります。再委託を受ける事業者は、清掃
業者等の専門業者が想定され、登録を受けた住宅宿泊管理業者で
あることまでは求められません。

　なお、業務を分割して委託することが認められないことと同様
に、家主が住宅宿泊管理業務の一部を自らの責任で行い、自らが
行わない業務のみを住宅宿泊管理業者に委託することも認められ
ません。

　１つの住宅宿泊事業者が複数の住宅でそれぞれ別個に届出をし
て住宅宿泊事業を営む場合には、それぞれの届出住宅について別
の住宅宿泊管理業者に委託することは、住宅宿泊管理業務の分割
には該当しないため、問題はありません。ただし、それぞれの委

託について、管理委託契約を別個に締結することが必要です。

　登録を受けた住宅宿泊管理業者が自ら住宅宿泊事業者となる場合には、住宅宿泊管理業者への委託義務はないため、住宅宿泊管理業務を複数の住宅宿泊管理業者に委託したとしても法に反することはありませんが、この場合、住宅宿泊管理業務の実施に係る責任は、自らが負うことに留意が必要です。

■関係条項等
○法第11条第1項（P125）
○規則第9条第1項（P146）
○ガイドライン2－2.（7）①（P184）

＜こちらも参考！＞
・法第34条第1項（P130）
・国規則第17条（P157）
・ガイドライン3－2.（11）②（P201）、（12）（P202）

〔委託時の注意事項〕

Q21 住宅宿泊管理業者に委託する際に留意すべき事項はありますか。

A21 法第11条第1項の規定により住宅宿泊管理業務を委託する場合には、届出住宅に係る住宅宿泊管理業務の全部を契約により委託することとされており、国土交通省の公表している「住宅宿泊管理受託標準契約書」を参考に適切に行う必要があります。特に、委託の対象となる住宅宿泊管理業務については、**管理**

受託契約において対象範囲を明確に定めることが必要となります。

　また、住宅宿泊管理業者が適切に法に従って業務を実施することが可能となるよう、**住宅宿泊事業を営む旨の届出の届出書及びその添付書類の内容を通知して行う必要**があります。通知の方法は、電子メール等の電磁的な手段で行うことも可能です。

　法第11条第1項の規定による委託をする場合には、委託の相手方となる住宅宿泊管理業者に関する情報が住宅宿泊事業を営む旨の届出における届出事項となっているため、**当該住宅宿泊管理業者の商号、名称又は氏名、住宅宿泊管理業者の登録年月日及び登録番号、管理受託契約の内容を届け出る必要**があります。なお、この際、これらの委託に伴って届け出る内容は、住宅宿泊管理業者に通知する内容には含まれないため、住宅宿泊管理業者には委託以前の内容を通知することで足ります。

　家主居住型として事業を開始した後に家主不在型に切り替えた場合など、住宅宿泊事業を営む旨の届出を行った後に、**住宅宿泊管理業者に委託することとなった場合には、変更の届出を行う必要**があります。なお、法第11条第1項の規定による委託は、管理受託契約で定める住宅宿泊管理業務の実施期間の始期においてなされたものと解されるため、変更の届出は、当該始期までの間に行う必要があります。

■関係条項等

○法第2条第5項（P122）、第3条第2項から第4項（P123）、第11条第1項（P125）

○規則第4条第2項から第4項（P143）、第5条第2項（P145）、第9条第1項（P146）

○ガイドライン2－1.（2）（P173）、2－2.（7）①、②（P184）

5　宿泊サービス契約の締結の代理

〔宿泊サービス契約の外部委託時の留意点〕

Q22 宿泊サービス契約を外部に委託する際に留意すべき事項はありますか。

A22 宿泊サービス契約の締結を外部に委託する場合には、登録を受けた住宅宿泊仲介業者又は旅行業者に委託しなければなりません。このため、例えば、民泊の宿泊マッチングサイトなどに届出住宅を掲載する場合などには、当該サイトによる仲介サービスが登録を受けた住宅宿泊仲介業者か旅行業者により提供されたものかどうか、住宅宿泊事業者が適切に確認する必要があります。

　なお、委託を受ける住宅宿泊仲介業者は違法な民泊のあっせんを委託することが禁止されているため、住宅宿泊事業者は、宿泊サービス契約の締結を委託しようとするときは、委託をしようとする住宅宿泊仲介業者又は旅行業者に対し、自らの届出番号を通知して適法な住宅宿泊事業者であることを示して委託する必要があります。

■関係条項等
○法第12条第1項（P126）
○規則第10条（P147）

<こちらも参考！>

・法第58条（P136）

・ガイドライン4－5（P211）

6　業務の実施

〔遵守すべき義務〕

Q23 住宅宿泊事業を実施し、実際に人を宿泊させる際には、法律上、どのような義務がありますか。詳細について、何を参照すればよいのですか。

‥‥‥‥‥‥‥‥‥‥‥‥‥‥‥‥‥‥‥‥‥‥‥‥‥‥‥‥‥‥

A23 住宅宿泊事業法においては、法第5条から第10条までの規定において、住宅宿泊事業を営む上で遵守しなければならない義務が定められています。

　詳細については、次のそれぞれを参照することとなります。

①法第5条の規定による業務（宿泊者の衛生の確保）

　→厚生労働省関係住宅宿泊事業法施行規則

②法第6条（宿泊者の安全の確保）及び第7条（外国人観光旅客である宿泊者の快適性及び利便性の確保）の規定による業務

　→国土交通省関係住宅宿泊事業法施行規則及び国土交通省告示（非常用照明器具の設置方法及び火災その他の災害が発生した場合における宿泊者の安全の確保を図るために必要な措置を定める件）

③法第8条（宿泊者名簿の備付け等）及び第9条（周辺地域

　の生活環境への悪影響の防止に関し必要な事項の説明）の
　規定による業務
　→住宅宿泊事業法施行規則

　さらに詳細については、平成29年12月に公表された住宅宿泊事業法施行要領（ガイドライン）を参照する必要があります。
　また、住宅宿泊事業者に対する監督の事務は都道府県等が行うこととなるため、当該都道府県等が定める住宅宿泊事業法に関係する条例等がある場合には、これらの内容を予め確認しておくことが、円滑な事業の実施にとって重要になります。
　以上のほか、国土交通省のホームページにおいて、「民泊制度ポータルサイト」が開設されており、最新の制度に関する情報を確認することができます。

■関係条項等

○法第5条から第10条（P124）

○規則第7条、第8条（P146）

○国規則第1条、第2条（P153）

○厚規則（P165）

○告示（P165）

○ガイドライン2－2.（1）から（6）（P179）

〔事前準備〕

Q24 設備・機器の設置など、人を宿泊させる前に準備すべきことはありますか。

A24 住宅宿泊事業を営むことのできる住宅にはＡ２（P21）のとおり、台所、浴室、便所、洗面設備が設けられている必要があります。人を宿泊させる際に、これらが正常に機能するよう適切に維持保全がなされていなければなりません。人が日常生活を営む上で最低限必要な水道や電気などのライフラインも正常に機能するよう保全することが求められます。

　法第５条から第10条までの規定による業務の関係では、法第６条において、宿泊者の安全の確保を図るために必要な措置を講じることとされています。

　より具体的には、非常用照明器具の設置、避難経路の表示、その他の安全措置（防火の区画等）を講じる必要があり、非常用照明器具の技術的基準・設置場所とその他の安全措置の詳細については、国土交通省告示（非常用照明器具の設置方法及び火災その他の災害が発生した場合における宿泊者の安全の確保を図るために必要な措置を定める件）において定められています。

　特に、その他の安全措置については、届出住宅が一戸建ての住宅・長屋に該当するか、共同住宅・寄宿舎に該当するかといった住宅の建て方や、家主同居で宿泊室の床面積が50㎡以下かどうかといった規模等により、必要な措置が異なるため、当該告示（P165）やガイドライン（P168）を確認して適切に措置を講じる必要があります（A13（P35）参照）。

　避難経路の表示については、市町村の火災予防条例によって規

54

制される地域もあるため、そうした条例の規制内容を確認して表
示に盛り込む必要があります。また、経路のみでなく、宿泊者に
対して避難場所等に関する情報提供を行うことが望ましいことと
されています。

　以上のほか、**消防法令に基づく設備等が求められる場合**や、**市
町村の火災予防条例に基づく規制がある場合**があるため、届出の
前に建物の所在地を管轄する**消防署等に確認**する必要がありま
す。

　法第6条の規定による業務のほか、法第7条・第9条の規定に
よる業務の円滑な実施のため、説明事項が表示できるタブレット
端末や、居室内への確実な連絡のための電話などを設置すること
が考えられます。

■関係条項等

○法第2条第1項（P122）、第6条（P125）

○規則第1条（P142）

○国規則第1条（P153）

○告示（P165）

○ガイドライン1－1.（1）①（P168）、（3）①（P170）、2－2.（2）
　①、②（P180）

＜こちらも参考！＞

・法第7条、第9条（P125）

・国規則第2条（P153）

・ガイドライン2－2.（2）③、（3）（P181）、（5）①、⑤（P183）

〔宿泊予約時の確認事項〕

Q25 宿泊予約時に言語の確認など住宅宿泊事業者が行うべきことはありますか。

・・・

A25 法第7条及び第9条の規定による業務としては、**外国語を用いた情報提供や説明等を行うこととなっている**ため、適切に業務を行う観点から、宿泊予約の際に、**宿泊者が指定する言語を予め確認しておくことが必要**となります。言語の問題により、宿泊者と適切にコミュニケーションを取ることや情報提供を行うことが困難な場合には、トラブルを予め防止する観点から、予約を断ることも想定されます。

　また、法第5条の規定により、**居室の床面積を宿泊者1人当たり3.3㎡以上確保することが求められる**ため、宿泊予約時に宿泊者全員の人数を予め確認しておき、許容人数を超えてしまう場合には、予約を断ることも想定されます。

　以上のほか、法第8条の規定により、宿泊者名簿の正確な記載を確保するため、予約時に**宿泊予定者全員の氏名等を確認**しておくことにより、宿泊時の本人確認漏れや不審者の滞在等の防止を図ることが重要です。

＜こちらも参考！＞

・法第5条（P124）、第7条、第8条第1項、第9条第2項（P125）

・規則第7条第1項、第3項、第8条（P146）

・国規則第2条（P153）

・厚規則（P165）

・ガイドライン2-2.（3）（P181）、（4）②（P182）、（5）⑤（P183）

〔本人確認〕

Q26 宿泊者の本人確認は必要ですか。どのような点に留意する必要がありますか。

A26 法第8条の規定により備え付けが義務となっている宿泊者名簿の正確な記載を確保するため、宿泊行為の開始までに、宿泊者それぞれについて本人確認を行う必要があります。

　本人確認の方法は、対面、又は対面と同等の手段として「①宿泊者の顔及び旅券が画像により鮮明に確認できること」「②当該画像が住宅宿泊事業者や住宅宿泊管理業者の営業所等、届出住宅内・近傍から発信されていることが確認できること」の要件を満たすICT（情報通信技術）を活用した方法等によることとされています。対面と同等の手段の具体例としては、届出住宅等に備え付けられたテレビ電話やタブレット端末等による方法が考えられます。

　また、本人確認は、警察庁、厚生労働省、国土交通省、観光庁の通知により、以下の内容に従って行う必要があります。

> 1　宿泊者に対し、宿泊者名簿への正確な記載を働きかけること。
>
> 2　日本国内に住所を有しない外国人宿泊者に関しては、宿泊者名簿の国籍及び旅券番号欄への記載を徹底し、旅券の呈示を求めるとともに、旅券の写しを宿泊者名簿とともに保存すること。なお、旅券の写しの保存により、当該宿泊者に関する宿泊者名簿の氏名、国籍及び旅券番号の欄への記載を代替しても差し支えない。

3　営業者の求めにもかかわらず、当該宿泊者が旅券の呈示を拒否する場合は、当該措置が国の指導によるものであることを説明して呈示を求め、さらに拒否する場合には、当該宿泊者は旅券不携帯の可能性があるものとして、最寄りの警察署に連絡する等適切な対応を行うこと。

4　警察官からその職務上宿泊者名簿の閲覧請求があった場合には、捜査関係事項照会書の交付の有無にかかわらず、当該職務の目的に必要な範囲で協力すること。

なお、当該閲覧請求に応じた個人情報の提供は、捜査関係事項照会書の交付を受けない場合であっても、個人情報の保護に関する法律（平成15年法律第57号）第23条第1項第4号に基づく適正な措置であり、本人の同意を得る必要はないものと解される。

　なお、長期滞在者には、定期的な清掃等の際に、チェックイン時に本人確認を行っていない者が届出住宅に宿泊するようなことがないよう、不審な者が滞在していないか、滞在者が所在不明になっていないか等について確認することが望ましいこととされています。特に宿泊契約が7日以上の場合には、定期的な面会等により上記の確認を行う必要があります。

■関係条項等
○法第8条第1項（P125）
○規則第7条第1項、第3項（P146）
○ガイドライン2−2.（4）（P181）

〔宿泊者名簿〕

Q27　宿泊者名簿とはどのようなものですか。

A27　宿泊者名簿は、正確な記載を確保するための宿泊者の本人確認を行った上で、**宿泊者全員を記載する必要**があります。代表者のみの記載は認められないこととなっており、また、**宿泊契約（宿泊グループ）ごとに宿泊者がわかるように記載する必要**があります。

記載する必要のある事項は、**宿泊者の氏名、住所、職業、及び宿泊日**とされています。宿泊者が日本国内に住所を有しない外国人であるときは、**国籍及び旅券番号**についても記載の必要があります。なお、日本国内に住所を有しない外国人に対しては、本人確認の際に旅券の呈示を求め、旅券の写しを名簿とともに保存することとされています。旅券の写しの保存により、当該宿泊者の氏名、国籍、旅券番号の欄への記載は代替することができます。

宿泊者名簿の推奨様式は、国土交通省のホームページにおいて、「民泊制度ポータルサイト」が開設されており、当該サイトにおいて「電子宿泊者名簿（住宅宿泊事業者向けソフトウェア）」として公表されています（平成30年6月15日現在情報）。

宿泊者名簿は、電磁的方法により記録され、必要に応じて機器を用いて明確に紙面に表示できるときは、宿泊者名簿への記載に代えることができることとされており、必ずしも書面で記録することは求められません。

宿泊者名簿の備え付け場所は、**住宅宿泊事業者の届出住宅あるいは住宅宿泊事業者の営業所又は事務所**（住宅宿泊管理業務の拠点等）とされており、住宅宿泊管理業者に委託する場合は、住宅

宿泊管理業者の営業所又は事務所とされています。

　宿泊者名簿の保存期間は、作成の日から３年間であり、適切に保管した上で、都道府県知事等から要求があれば提出することとなります。

■関係条項等

○法第８条（P125）
○規則第７条（P146）
○ガイドライン２－２．（４）（P181）

〔宿泊者に知らせるべき事項〕

Q28 宿泊の開始前までに宿泊者に対して知らせるべき事項、説明すべき事項はどのようなことがありますか。

A28

（１）外国人宿泊者の快適性・利便性の確保

　外国人である宿泊者に対しては、住宅宿泊事業者は、法第７条の規定により、「届出住宅の設備の使用方法に関する案内」「移動のための交通手段に関する情報提供」「災害が発生した場合における通報連絡先に関する案内」をすることとされています。

　「移動のための交通手段に関する情報」は、最寄りの駅等の利便施設への経路と利用可能な交通機関に関する情報が該当します。

　「災害が発生した場合における通報連絡先に関する案内」は、消防署、警察署、医療機関、住宅宿泊管理業者への連絡方法の情報を提供することが該当します。

　これらのほか、外国人観光旅客である宿泊者の快適性及び利便性の確保を図るために必要な措置として、条例等で具体的に定められる可能性があるため、予め確認する必要があります。

　これらの措置は、必要な事項が記載された書面の居室への備え付けや、タブレット端末の表示等により、**宿泊者が届出住宅に宿泊している間に必要に応じて閲覧できる方法によることが望ましいこととされています。**

（2）生活環境悪化防止に必要な事項の説明

　また、宿泊者に対して、住宅宿泊事業者は、法第9条の規定により、「**騒音の防止のために配慮すべき事項**」「**ごみの処理に関し配慮すべき事項**」「**火災の防止のために配慮すべき事項**」を説明する必要があります。

　「騒音の防止のために配慮すべき事項」とは、「**大声での会話を控えること**」「**深夜に窓を閉めること**」「**バルコニー等屋外での宴会を開かないこと**」「**届出住宅内で楽器を使用しないこと**」等、届出住宅及びその周辺地域の生活環境に応じ適切な内容とされています。

　「ごみの処理に関し配慮すべき事項」とは、宿泊者が届出住宅内で排出したごみについて、**当該市町村における廃棄物の分別方法等に沿って、住宅宿泊事業者の指定した方法**（届出住宅内の適切な場所にごみを捨てること等を含む。）**により捨てるべきであること**等とされています。

　「火災の防止のために配慮すべき事項」とは、「**ガスコンロの使用のための元栓の開閉方法及びその際の注意事項**」「**初期消火のための消火器の使用方法**」「**避難経路**」「**通報措置**」等、届出住宅及びその周辺地域の生活環境に応じ適切な内容とされています。

　以上のほか、「届出住宅の周辺地域の生活環境への悪影響の防止に関し必要な事項」として、「**性風俗サービスを届出住宅内で利用しないこと**」など、過去の苦情内容を踏まえ、届出住宅の利用にあたって特に注意すべき事項について説明の必要があります。

　法第9条の規定による説明は、必ずしも対面で行う必要はありませんが、必要事項が記載された書面を居室に備えることや、タブレット端末等によるなど、**宿泊者が宿泊中に説明事項を必要に応じて確認できる方法により行う必要**があります。これらの書面等は、宿泊者の目につきやすい場所に掲示するなど、効果的に注意喚起する必要があります。また、説明が確実になされるよう、居室内に電話を備えるなどにより、宿泊者に注意喚起できる必要があります。

（3）使用言語

　以上の措置は、宿泊者が外国人である場合には、宿泊予約時に確認した外国語により行う必要があります（A 25（P56）参照）。

■関係条項等
○法第7条、第9条（P125）
○規則第8条（P146）
○国規則第2条（P153）
○ガイドライン2－2．（3）（P181）、（5）（P183）

〔衛生確保〕

Q29　宿泊者の衛生の確保のため、どのようなことを行う必要

がありますか。
••

A29　旅館業と同様に、住宅宿泊事業者は、法第 5 条に基づき、宿泊者の衛生の確保のために次の措置を講じる必要があります。

> ①居室の床面積について宿泊者 1 人当たり 3.3㎡以上を確保すること。
> ②定期的な清掃及び換気を行うこと。

　この場合の「床面積」は、**宿泊者が占有する部分の面積を指す**ものであり、宿泊者の占有ではない台所、浴室、便所、洗面所、廊下のほか、押し入れ、床の間は含まないものです。この場合の算定は、内寸の面積で行います。

　「定期的な清掃及び換気」に関しては、届出住宅の設備や備品等については清潔に保ち、**ダニやカビ等が発生しないよう除湿を心がけ**、寝具のシーツ、カバー等直接人に接触するものについては、**宿泊者が入れ替わるごとに洗濯したものと取り替える必要が**あります。届出住宅に循環式浴槽（追い炊き機能付き風呂・24 時間風呂など）や加湿器を備え付けている場合は、レジオネラ症を予防するため、**宿泊者が入れ替わるごとに浴槽の湯は抜き、加湿器の水は交換し、汚れやぬめりが生じないよう定期的に洗浄等を行う**など、取扱説明書に従って維持管理することが求められます。

　なお、重篤な症状を引き起こすおそれのある感染症に宿泊者が罹患した疑いがあるとき、その他公衆衛生上の問題を引き起こす事態が発生するおそれがあるときは、保健所に通報するとともも

に、その指示を受け、使用した居室、寝具、及び器具等を消毒・廃棄する等の必要な措置を講じることとが必要です。

　これらのほか、衛生管理のための講習会を受講する等、衛生管理に関する知識の習得が望ましいものと考えられます。

■**関係条項等**

○法第5条（P124）

○厚規則（P165）

○ガイドライン2－2．（1）（P179）

〔ごみ処理の責任〕

Q30　宿泊者が出したごみの処理について、住宅宿泊事業者に責任がありますか。

・・

A30　ごみの処理について法において直接の規定はありませんが、住宅宿泊事業に起因して発生したごみの取扱いについては、**廃棄物の処理及び清掃に関する法律**に従い、事業活動に伴って生じた廃棄物として**住宅宿泊事業者が責任をもって当該ごみを処理しなければなりません。**

　住宅宿泊事業者が確実かつ適切にごみを処理するためには、宿泊者が住宅周辺にごみを不適切に投棄したりすることのないよう、住宅宿泊事業者が宿泊者に対し、法第9条の規定に従って、当該市町村における廃棄物の分別方法等に沿って、住宅宿泊事業者の指定した方法により捨てるべきであること等を説明する必要があります（A 28（P60）参照）。

＜こちらも参考！＞
・法第９条第１項（P125）
・規則第８条第２項（P146）
・ガイドライン２-２．（５）③（P183）

〔苦情への対応〕

Q31 周辺住民から苦情や問合せがあった場合にはどのように対応する必要がありますか。

A31 周辺住民からの苦情や問合せについては、法第 10 条の規定により、適切かつ迅速に対応することとされており、**深夜早朝を問わず、常時、宿泊者が滞在していない間も、応対又は電話により対応する必要**があります。このため、法第 13 条の規定により掲げる標識には、住宅宿泊事業法施行規則で定める様式に従い、苦情等を受ける連絡先を記載します。

　誠実に対応することが必要であり、例えば、回答を一時的に保留する場合であっても、**相手方に回答期日を明示した上で後日回答する等**の配慮が求められます。

　滞在中の宿泊者の行為により苦情が発生している場合において、当該宿泊者に対して注意等を行っても改善がなされないような場合には、現場に急行して退室を求める等、必要な対応を講じなければなりません。この際、住宅宿泊管理業務の委託を受けた住宅宿泊管理業者が宿泊者に退室を求めることが想定される場合には、宿泊拒否等の対応の権限を予め管理受託契約において定めておくことが望ましいものと考えられます。

　苦情及び問合せが、緊急の対応を要する場合には、必要に応じ

て、警察署、消防署、医療機関等の然るべき機関に連絡するとともに、住宅宿泊事業者や住宅宿泊管理業者も現場に急行して対応することが必要になります。

■関係条項等
○法第10条（P125）
○ガイドライン2－2.（6）（P184）、3－2.（13）⑥（P203）

＜こちらも参考！＞
・法第13条第1項（P126）

〔定期報告〕

Q32 都道府県知事等への定期報告は、何について、どのように行う必要がありますか。

A32 法第14条の規定により必要となる住宅宿泊事業者からの都道府県知事等への報告は、次のとおりです。

①届出住宅に人を宿泊させた日数：1日の正午から翌日の正午までを1日として届出住宅に人を宿泊させた日数
②宿泊者数：実際に届出住宅に宿泊した宿泊者の総数
③延べ宿泊者数：実際に届出住宅に宿泊した宿泊者の延べ人数（1日宿泊するごとに1人と算定した数値の合計）
④国籍別の宿泊者数の内訳：実際に届出住宅に宿泊した宿泊者の総数の国籍別内訳

　報告は、届出住宅ごとに行う必要があり、期間としては、**毎年2月、4月、6月、8月、10月、12月の15日までに、それぞれの月の前2か月分の実績を報告**することになります（例えば、12月時の報告では、10月1日の正午から12月1日の正午までの分）。報告は、**民泊制度運営システムを利用**して行うことが原則とされています。

　報告は、第11条第1項の規定により住宅宿泊管理業務を住宅宿泊管理業者へ委託する場合であっても、**住宅宿泊事業者が自らの責任において行うこと**となります。このとき、報告については、宿泊者名簿を基に宿泊実績を整理して行うことになると考えられますが、法第11条第1項の規定により住宅宿泊管理業者への委託がなされる場合には、住宅宿泊管理業者が宿泊者名簿の記載を行うこととなるため、管理受託契約において、住宅宿泊管理業者から住宅宿泊事業者に対し、定期的に情報提供するよう取り決めることが望ましいと考えられます。

■関係条項等
○法第14条（P126）
○規則第3条（P143）、第12条（P147）
○ガイドライン2－2.（9）（P186）

7　監督、住宅宿泊事業の実施制限の条例

〔条例による制限〕

Q33　条例による住宅宿泊事業の実施の制限とは、どのような場合に行われる可能性がありますか。

A33　住宅宿泊事業者を監督する都道府県等は、法第18条の規定により、一定の要件のもと、住宅宿泊事業を実施する期間を制限することができます。

　要件としては、「住宅宿泊事業に起因する騒音の発生その他の事象による生活環境の悪化を防止するため必要がある場合であること」「制限が合理的に必要と認められる限度であること」「政令で定める基準に従い条例で定めるところにより区域を定めて制限すること」が法律上定められています。このため、住宅宿泊事業の開始を検討する際には、住宅の所在する地域が法第18条に基づく条例により制限を受けるかどうか、予め確認することが必要となります。

　政令で定める基準としては、住宅宿泊事業を実施してはならない区域及び期間を定めることなどの要件が定められています。また、ガイドラインにおいては、ゼロ日規制等に対する考え方として、「年間全ての期間において住宅宿泊事業の実施を一律に制限し、年中制限することや、都道府県等の全域を一体として一律に制限すること等」は適切ではないとされています。

　これから住宅宿泊事業を営む旨の届出をしようと検討する際には、法第18条の規定による条例により、どのような区域及び期間において制限がなされるか、各自治体による情報提供などを確認する必要があります。

■関係条項等
○法第18条（P127）
○令第1条（P141）
○ガイドライン2－4．（1）（P188）

〔相談窓口〕

Q34 住宅宿泊事業の実施に関して、どこの自治体に相談すればよいですか。

A34 住宅宿泊事業の実施については、住宅宿泊事業を監督する自治体に相談することとなります。住宅宿泊事業の監督等の行政事務は、原則として**都道府県**が行いますが、法第 68 条第 1 項の規定に基づき、**保健所を設置する市又は特別区**も、都道府県と協議することにより行うことができるようになります。

　住宅宿泊事業者は、衛生の確保のみならず、国内外からの観光旅客の宿泊需要への対応といった観点からも業務を行うことから、自治体の住宅宿泊事業の担当部局も生活衛生部局であったり、観光部局であったり、様々ですので、詳しくは、国土交通省のホームページに開設されている「民泊制度ポータルサイト」などを参照ください。

＜こちらも参考！＞
・法第 68 条第 1 項（P138）
・ガイドライン 2 － 4．（2）（P191）

8　事業の廃止

〔事業廃止〕

Q35 将来的に住宅宿泊事業を継続する見込みがない場合、手続きが必要ですか。

A35　住宅宿泊事業を廃止したときは、法第3条第6項の規定により、**廃業のときから30日以内に都道府県知事等に廃業の届出をする必要があります**。住宅宿泊事業を継続している間は、法第14条の規定により、都道府県知事等に業務実績を2か月ごとに報告しなければならないため、**報告を怠り、都道府県知事等と連絡が取れないまま30日を経過した場合には、事実上の廃業とみなされる**可能性があります。

　賃借人の募集をしている住宅において住宅宿泊事業を営む場合に、事業途中で長期の賃借人が決まり、宿泊営業を事実上の休止状態とする場合、廃業の届出をする方法と、住宅宿泊事業を継続して定期報告や標識掲示も行う方法が考えられます。賃借人が入居しながら、住宅宿泊事業の標識を掲示し続ける場合には、賃借人の生活に不都合を生じることも考えられるため、賃借人とも相談の上、適切な対応を選択する必要があります。

■関係条項等
○法第3条第6項（P123）
○規則第6条（P145）

＜こちらも参考！＞
・法第14条（P126）
・ガイドライン2－1.（1）③（P172）、2－2.（9）④（P187）

第2章　部屋を管理する人
―住宅宿泊管理業―

1　総論・定義・登録

〔住宅宿泊管理業の範囲〕

Q36 民泊代行業、賃貸住宅管理業、清掃代行業等は、住宅宿泊管理業に該当しますか。

A36 住宅宿泊管理業は、届出住宅に係る法第5条から第10条までの規定による業務と住宅宿泊事業の適切な実施のために必要な届出住宅の維持保全に関する業務の全部を住宅宿泊事業者から委託を受けて行う事業と定義されています。

このため、法第5条から第10条までの規定による業務や、届出住宅の維持保全に関する業務の一部のみを行うような、専門事業者は、住宅宿泊管理業者には該当しません。

このため、住宅宿泊事業者が法第11条第1項の規定による委託をしようとするときは、登録を受けた住宅宿泊管理業者に確実に委託がされるよう、住宅宿泊管理業者の登録番号等を確認するとともに、国土交通省の公表している住宅宿泊管理受託標準契約書を参考に、全ての住宅宿泊管理業務が委託されるよう適切に契約を締結することが必要です（A21（P49）参照）。

また、登録を受けた住宅宿泊管理業者が、例えば、住宅宿泊事業ではない旅館業の代行を報酬を得て行ったとしても、住宅宿泊管理業者として行った業務ではないため、住宅宿泊事業法の規定の適用を原則的には受けることはありません。

　　なお、特区民泊や簡易宿所営業を代行するいわゆる民泊代行業者の中には、宿泊サービス提供契約の締結の代理や媒介を行う事業者もいますが、**住宅宿泊事業についてこうした代理・媒介業務を行うことは住宅宿泊仲介業務に該当するため**、住宅宿泊管理業者がこうした業務を行うには住宅宿泊仲介業者としても別途、登録を受ける必要があります。

■関係条項等
○法第２条第５項、第６項（P122）
○ガイドライン１－１．（４）（P171）

＜こちらも参考！＞
・法第２条第８項、第９項（P122）、第11条第１項（P125）

〔登録が必要な場合〕

Q37 どのような場合に住宅宿泊管理業の登録が必要ですか。

A37 　法第11条第１項の規定により住宅宿泊管理業務の委託を受けることができるのは、住宅宿泊管理業者のみですので、こうした**業務を報酬を得て行おうとするときは、**住宅宿泊管理業者として**登録を受けることが必要**となります。なお、登録の申請先は国土交通大臣ですが、実務的には、登録の権限の委任されている地方整備局長等（主たる営業所又は事務所の所在地を管轄するもの）になります。

　　法第11条第１項の規定によらない、任意の委託を受けることは、住宅宿泊管理業者として登録を受けずとも行うことができま

すが、この場合には、住宅宿泊事業者は法第11条第1項の規定による委託義務のかからない、いわゆる家主居住型などの形態で住宅宿泊事業を営むことが必要となります（A19（P46）参照）。

　また、法第11条第1項の規定により委託を受けた住宅宿泊管理業者から、住宅宿泊管理業務の一部を再委託により受託する場合には、住宅宿泊管理業者としての登録は必要ありません（A20（P48）参照）。

　なお、登録を受けた住宅宿泊管理業者が、自ら住宅宿泊事業を営む場合には、法第11条第1項ただし書きの規定により、いわゆる家主不在型の住宅宿泊事業を営んだとしても法第11条第1項の規定による委託が義務となりません。このように、**他者に委託せずに家主不在型の住宅宿泊事業を営もうとする場合にも、住宅宿泊管理業の登録を受けている必要**があります。

■関係条項等
○法第2条第6項（P122）、第11条第1項（P125）、第22条第1項（P127）
○ガイドライン1－1.（4）（P171）、3－2.（12）②（P202）

〔登録拒否要件〕

Q38　住宅宿泊管理業を営むことのできない人とはどのような人ですか。個人で住宅宿泊管理業を営むことができますか。

A38　住宅宿泊管理業を営むことのできない者は、法第25条第1項の各号において列挙されています。そのおおまかな内容は以下のとおりです。

①成年被後見人又は被保佐人

②破産者

③登録取り消し後、５年を経過しない者

④刑罰等の執行後、５年を経過しない者

⑤暴力団員等

⑥住宅宿泊管理業に関し不正又は不誠実な行為をするおそれがあると認めるに足りる相当の理由がある者

⑦未成年者で法定代理人が①〜⑥のいずれかに該当するもの

⑧法人で、役員のうち①〜⑥のいずれかに該当する者があるもの

⑨暴力団員等がその事業活動を支配する者

⑩財産的基礎を有しない者

⑪住宅宿泊管理業を的確に遂行するための必要な体制が整備されていない者

　以上に該当しなければ、適切に申請の手続きを経ることにより、住宅宿泊管理業者としての登録を受けることができます。上記の要件に該当しなければ、**個人や外国法人などであっても、登録を受けることができます。**

　⑥については、「登録の取消処分の通知後に処分逃れとして廃業した者」や、「住宅宿泊事業の廃止命令後から３年を経過しない者」「旅館業法の罰金刑に処せられて３年を経過しない者」などが該当します。

　⑩については、財産的基礎を有していると認められるためには、「**負債の合計額が資産の合計額を超えないこと**」「**支払不能に陥っていないこと**」のいずれにも適合している必要があります。

　支払い不能とは、支払い能力の欠乏のため弁済期にある全ての債務について継続的に弁済することができない客観的状態をいうこととされています。

　⑪については、詳細について、A39を参照ください。

■関係条項等

○法第25条第1項（P128）
○国規則第7条、第8条、第9条（P155）
○ガイドライン3−1．（6）、（7）（P195）

〔事業を遂行する体制〕

Q39　住宅宿泊管理業を的確に遂行するための必要な体制とはどのようなものですか。

A39　法第25条第1項第11号の規定により、住宅宿泊管理業を的確に遂行するための必要な体制が整備されていない者は、住宅宿泊管理業の登録を受けることが認められません。

　より具体的には、次のいずれかに該当する場合は、必要な体制が整備されていない者であることとなります。

> ①管理受託契約の締結に係る業務の執行が法令に適合することを確保するための必要な体制が整備されていると認められない者
> ②住宅宿泊管理業務を適切に実施するための必要な体制が整備されていると認められない者

　①の必要な体制とは、住宅の管理に関する責任の所在及び費用の負担等について契約上明らかにし、適切に契約締結できる人的構成が確保されていることを指しています。

　個人の場合には、次に掲げるものが認められます。

・宅地建物取引業法の**宅地建物取引士**
・マンション管理の適正化の推進に関する法律の**管理業務主任者**
・一般社団法人賃貸不動産経営管理士協議会の**賃貸不動産経営管理士**資格の登録者など

　法人の場合には、次に掲げるものが認められます。

・宅地建物取引業法の**宅地建物取引業者**
・マンション管理の適正化の推進に関する法律の**マンション管理業者**
・賃貸住宅管理業者登録規程の**賃貸住宅管理業者**など

　これらの資格者でない場合も、住宅の取引又は管理に関する契約に係る依頼者との調整、契約に関する事項の説明、当該事項を記載した書面の作成及び交付といった、**契約実務を伴う業務に2年以上従事した者**である場合に認められます。

　②の必要な体制とは、住宅宿泊管理業務の実施において、宿泊者への説明や本人確認、周辺住民からの苦情・問い合わせへの応答について、ICT等を用いて遠隔で業務を行う場合において必要に応じ宿泊者と速やかにかつ確実に連絡が取れる機能を備えた機器の設置がされることや、住宅宿泊管理業務の委託を受けている

間、常時、宿泊者と連絡を取ることが可能な人員体制を備えることを指しています。

　なお、旅館業法の許可を受けた施設の営業者であって玄関帳場の設置等がされている場合には、常時、宿泊者と連絡を取ることが可能な体制を有しているものと見なされます。これらの体制は、**再委託事業者を体制に含めることが認められており**、再委託先の情報も含め、ICT機器等、具体的な業務方法を登録申請の際に明示する必要があります。

　営業所又は事務所の実態がない場合は、必要な体制があるものと認められません（A44（P82）参照）。

■関係条項等
○法第25条第1項（P128）
○国規則第9条（P155）
○ガイドライン3－1.（7）（P195）

＜こちらも参考！＞
・法第23条第2項（P128）
・国規則第6条第1項（P153）
・ガイドライン3－1.（2）②、（3）①（P193）

〔委託対象〕

Q40 どういったものが委託の対象となる住宅宿泊管理業務に該当しますか。

A40 法第5条から第10条までの規定による業務及び住宅宿

泊事業の適切な実施のために必要な住宅の維持保全の業務が該当
します。

　法第5条から第10条までの規定による業務については、A 23
〜A 31（P 52〜65）も参照ください。

　住宅の維持保全については、人が居住し日常生活を営むために
必要な機能を維持する必要があり、届出住宅に設ける必要がある
台所、浴室、便所、洗面設備が正常に機能するものであるほか、
人が日常生活を営む上で最低限必要な水道や電気などのライフラ
イン、ドアやサッシ等の設備が正常に機能するよう保全すること
が必要です。空室時における施錠の確保や、住宅又は居室の鍵の
管理も届出住宅の維持保全に含まれます。

　このほか、宿泊者の退室後の届出住宅について、住宅及び設備
の破損の有無や、宿泊者の遺失物の有無等について確認し、宿泊
前の状態と大きな乖離がないよう維持することが必要です。

　より詳細な業務内容と業務範囲については、住宅宿泊事業者と
住宅宿泊管理業者との間で締結される管理受託契約書において定
められることとなります。このため、適切な管理受託契約の締結
は、円滑な住宅宿泊管理業務の委託のため重要であり、国土交通
省の定める「住宅宿泊管理受託標準契約書」などを参考にしなが
ら検討することが必要です。

■関係条項等
〇法第2条第5項（P122）
〇ガイドライン1−1.（3）（P170）、2−2.（7）①（P184）

〔住宅宿泊事業者との兼業の可否〕

Q41 住宅宿泊事業者と住宅宿泊管理業者を兼ねることができますか。

A41 住宅宿泊事業者と住宅宿泊管理業者を兼ねることは可能です。住宅宿泊事業を営む旨の届出と住宅宿泊管理業者としての登録の両方の手続きが必要となります。

　なお、住宅宿泊管理業者がいわゆる家主不在型の住宅宿泊事業を営む場合には、法第11条第1項の規定による委託の義務はなく、自らの責任の下で住宅宿泊管理業務を行うことができます（法第11条第1項ただし書き）。この場合、届出住宅に掲げる標識は、住宅宿泊管理業者に委託する場合のものと同じものを用いることとなります。また、住宅宿泊事業を営む旨の届出の届出書において、住宅宿泊管理業に関する事項の欄に、住宅宿泊管理業者としての登録年月日、登録番号を届け出る必要があります。

＜こちらも参考！＞
・法第11条第1項（P125）
・規則第4条第2項（P143）

〔住宅宿泊仲介業者との兼業の可否〕

Q42 住宅宿泊仲介業者と住宅宿泊管理業者を兼ねることができますか。

A42 住宅宿泊仲介業者と住宅宿泊管理業者を兼ねることは可

能です。住宅宿泊仲介業者としての登録と住宅宿泊管理業者としての登録の両方の手続きが必要となります。

　例えば、特区民泊や簡易宿所営業を代行するいわゆる民泊代行業者のように、宿泊サービス提供契約の締結の代理や媒介を行いながら、住宅宿泊管理業務の受託も行うような場合には、それぞれの登録を受ける必要があります。

　住宅宿泊管理業者は、住宅宿泊事業者に代わって予約作業など様々な宿泊者対応を行うことが想定されるため、**意図せず宿泊サービス提供契約の代理等を行ってしまうことにより、旅行業の無登録営業（旅行業法違反）を犯してしまうことがないよう**、管理受託契約の締結にあたっては、業務範囲を明確に取り決めておくことが重要です。国土交通省の公表している「住宅宿泊管理受託標準契約書」では、意図しない法令違反を回避するため、宿泊サービス提供契約の締結の代理等を住宅宿泊管理業者は行わないことを標準としています。

■関係条項等
○法第2条第8項、第9項（P122）、第46条第1項（P133）
○ガイドライン1−1.（5）（P171）

〔民泊制度運営システムを用いた登録〕

Q43 民泊制度運営システムを用いた登録の手続きはどのように行いますか。

A43 民泊制度運営システムについては、国土交通省のホームページに開設された「民泊制度ポータルサイト」からアクセスす

ることで利用できます。

　本システムにおいて住宅宿泊管理業の申請・届出を行う場合には、次のような利用方法が可能になっています。

---

①書類の提出も含めた申請・届出等の手続きを全て本システム上で行う。

②届出等の作成及び一部書類の提出を本システム上で行い、その他の書類については窓口に提出する。

③申請・届出等の作成のみ本システム上で行い、書類の提出は郵送・窓口にて行う。

---

　①による手続きの流れは、以下のとおりです。

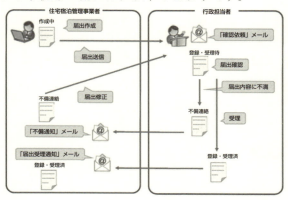

②③による手続きの流れは、以下のとおりです。

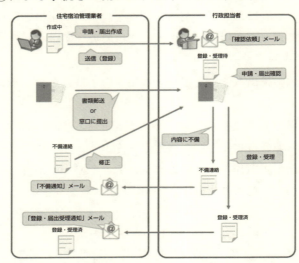

なお、申請者の捺印が必要とされている書類（登録申請書、欠格事由に該当しないことの誓約書）を民泊制度運営システムから申請する場合においては、電子署名が必要となるため、本システム外で署名を行う必要があります。

■関係条項等

○ガイドライン3-1.（1）①（P191）、（8）①（P196）

〔本店・支店の登録〕

Q44 本店や支店の登録はどのように行えばよいですか。

A44 住宅宿泊管理業者の登録の際に登録が必要な「営業所又は事務所」とは、商業登記簿等に記載されたもので、継続的に住

宅宿泊管理業の営業の拠点となる施設が該当します。

　商業登記簿に登記された本店は、住宅宿泊管理業務そのものを行っていない場合であっても、中枢管理的な統括機能を果たしていると考えられ、主たる営業所又は事務所として登録します。それ以外の支店については、従たる営業所又は事務所として登録します。住宅宿泊管理業務を行わない支店などについては、登録申請書に記載する必要はありません。

　なお、営業所又は事務所の実態がない場合は、住宅宿泊事業者等と連絡対応を行うことができず、住宅宿泊管理業を的確に遂行するための必要な体制が整備されているものとは認められず、住宅宿泊管理業者としての登録を受けることはできません。

■関係条項等
○法第23条第1項（P128）
○ガイドライン3－1．（2）（P192）

＜こちらも参考！＞
・法第25条第1項（P128）
・国規則第9条（P155）

〔登録時の添付書類〕

Q45 　住宅宿泊管理業の登録申請書に添付する書類はどのようなものですか。

A45 　住宅宿泊管理業の登録申請書には、次の書類を添付する必要があります。

①成年被後見人及び被保佐人に該当しない旨の後見等登記事項証明書（法人の場合は役員のもの）

②成年被後見人及び被保佐人とみなされる者並びに破産手続開始の決定を受けて復権を得ない者に該当しない旨の市町村長の証明書（法人の場合は役員のもの）

③略歴書（法人の場合は役員並びに相談役及び顧問のもの）

④納税証明書（個人の場合は所得税、法人の場合は法人税）

⑤住宅の取引又は管理に関する2年以上の実務経験が記載された職務・事業経歴書（従業員の当該職務経歴書も可）

⑥苦情応答に係る人員体制図

⑦使用する機器の詳細を記載した書面（遠隔で業務を行う場合）

⑧再委託先に求める人員体制の要件を記載した書面（委託を受けた住宅宿泊管理業務の一部を再委託する場合）

⑨欠格事由に該当しないことを誓約する書面

⑩定款又は寄付行為（法人の場合のみ）

⑪履歴事項全部証明書（法人の場合のみ）

⑫相談役及び顧問の氏名及び住所並びに100分の5以上の株式を有する株主又は100分の5以上の出資をしている者の氏名又は名称、住所及びその有する株式の数又はその者のなした出資の金額を記載した書面

⑬最近の事業年度における貸借対照表及び損益計算書（法人の場合のみ）

⑭財産に関する調書（個人の場合のみ）

⑮法定代理人の履歴事項全部証明書（未成年の個人で、法定代理人が法人の場合のみ）

⑯住民票の抄本（個人の場合のみ）

⑬については、新規に設立された法人で最初の決算期を迎えていない場合は、設立時や開業時に作成される開業貸借対照表を添付するのみで足ります。

住宅宿泊管理業の登録の手続きは民泊制度運営システムを利用し電子的に行うことができますが（A43（P80）参照）、①〜④、⑪、⑮及び⑯の書類については登録の申請にあたり書類の原本を申請先の地方整備局等に別途郵送する必要があります（⑪、⑮については、登記情報提供サービスによる取得の場合を除く）。

なお、登録申請者が**宅地建物取引業者又はマンション管理業者である場合には⑤〜⑧、賃貸住宅管理業者である場合には③及び⑤〜⑧を添付するのみで足り、**⑤の書類は免許証や登録通知書の写しで代えることができます。

■関係条項等
○法第23条第2項（P128）
○国規則第6条第1項（P153）
○ガイドライン3−1.（3）（P193）

〔事業開始までの準備〕

Q46 事業開始までにどのような準備をする必要がありますか。

A46

（1）十分な情報収集

　　　住宅宿泊管理業者は、住宅宿泊事業者から委託を受けた住宅宿泊管理業務を自らの責任において実施しなければならないため、**本来住宅宿泊事業者に課せられる義務等について熟知している必要があります**。Ａ９（P30）等も参照し、事業を営もうと検討している地域の規制や関連する条例なども含め十分に情報収集する必要があります。

（２）業務実施体制の整備

　　　また、住宅宿泊管理業者は、住宅宿泊管理業を的確に遂行するための必要な体制を整備しなければならないため、**ICT 等を用いて業務を実施する場合には必要な機器を用意しなければならない**ほか、自社で全ての住宅宿泊管理業務の実施ができない場合には、**営業する地域において再委託可能な専門事業者を予め手配しておくことが必要となります**。

（３）従業者証明書や帳簿等の準備

　　　住宅宿泊管理業務のほか、住宅宿泊管理業者は、**従業者証明書の携帯や、業務に関する帳簿の備え付け、営業所又は事務所への住宅宿泊管理業についての標識の掲示が必要となるため**、国土交通省関係住宅宿泊事業法施行規則で規定された様式も踏まえて発行するなどの準備を行います。

（４）管理受託契約の検討

　　　また、住宅宿泊管理業務の委託を受ける際には、管理受託契約の締結を適切に行う必要があるため、国土交通省の公表している**住宅宿泊管理受託標準契約書を参考に、契約で定めるべき内容を検討しておくことが必要です**。管理受託契約の締結関係業務にお

いては、住宅に関する取引の実務経験が重要となるため、**有資格者や実務経験者を確保しなければなりません。**

■**関係条項等**

○法第 25 条第 1 項（P128）、第 36 条、第 37 条、第 38 条、第 39 条（P131）

○国規則第 9 条（P155）、第 19 条第 1 項（P157）

○ガイドライン 3 － 1．（7）②（P195）、3 － 2．（14）、（15）（P203）

2　住宅宿泊管理業務を委託しようとする際の勧誘

〔禁止される広告〕

Q47 法律で禁止される広告として、どのようなものが「誇大広告」に該当しますか。

A47 「①住宅宿泊管理業者の責任に関する事項」「②報酬の額に関する事項」「③管理受託契約の解除に関する事項」について、著しく事実に相違する表示をすること、実際のものより著しく優良・有利であると誤認させる表示をすることが禁止されています。広告の媒体は、新聞の折り込みチラシ、配布用チラシ、新聞、テレビ、ラジオ、インターネットのホームページ等種類を問いません。

　「①住宅宿泊管理業者の責任に関する事項」について禁止される表示とは、例えば、実際の管理受託契約上は、住宅宿泊管理業者が宿泊者によって生じた損害について一切責任を負わないこととなっているにもかかわらず、家主に損害の負担が全くないかの

ように誤解させるようなものが想定されます。

「②報酬の額に関する事項」について禁止される表示とは、例えば、実際の管理受託契約書上は、**宿泊数に比例する料金体系が設定されるようなサービス内容であるにもかかわらず、委託報酬が月額制で上限の定まった定額であるかのように誤認させるような**ものが想定されます。

「③管理受託契約の解除に関する事項」について禁止される表示とは、例えば、実際の管理受託契約書上は、**契約期間途中の解約が制限されるにもかかわらず、委託者の求めるときにいつでも解約できるように誤認させるような**ものが想定されます。

　法第31条の規定により禁止される広告は、住宅宿泊管理業としての広告が対象となるため、**住宅宿泊事業者のために行う届出住宅の集客の宣伝など、住宅宿泊管理業務と関連の低いものは該当しません**。なお、通常、これらの宣伝は、宿泊サービス提供契約の締結の代理・媒介について委託を受けた住宅宿泊仲介業者が行うこととなるため、住宅宿泊管理業者が行う場合には、旅行業の無登録営業（旅行業法違反）となることのないよう注意が必要です。

■**関係条項等**

○法第31条（P130）
○国規則第12条（P156）
○ガイドライン3－2.（2）（P198）

〔不当な勧誘〕

Q48 どのような行為が「不当な勧誘」に該当しますか。

A48 管理受託契約の締結の勧誘に際して、管理受託契約に関する事項のうち委託者となる住宅宿泊事業者の判断に影響を及ぼす重要なものについて、**故意に事実を告げないことや事実でないことを告げること**が該当します。管理受託契約に関する重要な事項とは、**委託報酬に関する事項、責任・免責に関する事項**など、住宅宿泊事業者の不利益に直結する事項のことを指しています。

　これらの事項については、基本的に、法第33条や第34条の規定により、管理受託契約の締結の前後において住宅宿泊管理業者が書面の交付や電磁的方法により内容を示して説明しなければならない事項であり、十分明確かつ正確に説明する必要があります。

■関係条項等
○法第32条（P130）
○国規則第13条（P156）
○ガイドライン3−2.（3）、（4）（P198）

＜こちらも参考！＞
・法第33条第1項、第34条第1項（P130）
・国規則第14条（P156）、第17条（P157）

〔委託者の保護に欠ける禁止行為〕

Q49 「委託者の保護に欠ける禁止行為」とは具体的にどのような行為ですか。受託できる物件や件数に制限はありますか。

A49 法第32条第2項において規定される「委託者の保護に欠ける禁止行為」は以下のものがあります。

①管理受託契約の締結又は更新について委託者に迷惑を覚えさせるような時間に電話又は訪問により勧誘する行為

一般的には、勧誘の相手方となる家主に承諾を得ている場合を除き、特段の理由無く午後9時から午前8時までの時間帯に電話勧誘や訪問勧誘することが該当しますが、家主の職業や生活習慣等に応じて個別に判断されます。

②管理受託契約の締結又は更新をしない旨の意思を表示した委託者に対して執拗に勧誘する行為

契約の締結や更新の勧誘を受けることを希望しない旨の意思表示をした委託者に対して勧誘する行為も含まれます。

③当該住宅宿泊管理業務の適切な実施を確保できないことが明らかであるにもかかわらず管理受託契約を締結する行為

届出住宅の所在地、住宅宿泊管理業者の営業所の所在地や人員体制、再委託事業者の業務体制、届出住宅周辺の交通事情などを勘案して、苦情発生時の対応などが明らかに適切に実施できないことが明らかであるにもかかわらず、管理受託契約を締結することが該当します。そのような不適切な契約締結がなされないよう、勧誘にあたっては、届

出住宅へ速やかに駆けつけることが可能な体制を有していることなどを示しながら行うことが望ましいと考えられます。

　国土交通省の公表している住宅宿泊管理受託標準契約書においては、住宅宿泊管理業者の事務所所在地のみでなく、再委託予定者に関する事項として届出住宅を担当する再委託予定事業者の事務所などを記載する欄を設けており、これらを参考に適切に委託者に情報提供の上、勧誘を行うことが必要です。

■関係条項等
○法第32条（P130）
○国規則第13条（P156）
○ガイドライン3−2.（4）（P199）

3　管理受託契約の締結

〔委託者との調整〕

Q50 住宅宿泊管理業務を受託する際、委託者とどのような調整が必要ですか。管理受託契約は必ず締結する必要がありますか。

A50 住宅宿泊管理業者は、届出住宅の住宅宿泊管理業務を適切に行うため、届出住宅の情報を十分に調査の上、管理受託契約を締結することが必要となります。
　住宅宿泊事業者は、法第11条第1項の規定による委託にあ

たっては、住宅宿泊事業を営む旨の届出の際に届け出た内容を住宅宿泊管理業者に通知することとされているため、住宅宿泊管理業者は、当該通知を住宅宿泊事業者に促すことが望ましいと考えられます。

　国土交通省の公表している住宅宿泊管理受託標準契約書も参考として、**維持保全の対象となる管理物件や設備の範囲、鍵の有無、居室の床面積、宿泊者の安全確保の措置の具体的内容、宿泊者に説明や情報提供すべき事項や緊急連絡先**など、住宅宿泊管理業務の実施にあたって必要な情報を住宅宿泊事業者との間で確認しておくことが必要です。また、住宅宿泊管理業者が宿泊拒否をする場面が想定される場合には、そうした権限を管理受託契約などで定めておくことも考えられるため（A 58（P101）参照）、あらかじめ調整しておくと業務実施が円滑になります。

　法第11条第１項の規定による委託は、住宅宿泊管理業務の全部を含む契約により行うこととされているため、管理受託契約は必ず締結する必要があります。

■関係条項等

○法第11条第１項（P125）

○規則第９条第１項（P146）

○ガイドライン２－２．（7）②（P185）

〔管理受託契約の締結前の書面〕

Q51 管理受託契約の締結前の書面にはどのような内容を記載する必要がありますか。

A51 管理受託契約の締結に当たっては、契約を締結するまでに必要事項を記載した書面を交付して説明する必要があります。書面の交付は、依頼者の承諾を得た上で電磁的方法により提供することができます。記載が必要な事項の概要は以下のとおりです。

①管理受託契約を締結する住宅宿泊管理業者の商号、名称又は氏名
②管理受託契約を締結する住宅宿泊管理業者の登録年月日及び登録番号
③住宅宿泊管理業務の対象となる届出住宅
④住宅宿泊管理業務の内容及び実施方法
⑤報酬、その支払いの時期及び方法
⑥報酬に含まれていない住宅宿泊管理業務に関する費用であって、住宅宿泊事業者が通常必要とするもの
⑦住宅宿泊管理業務の一部の再委託に関する定めがあるときは、その内容
⑧責任及び免責に関する定めがあるときは、その内容
⑨契約期間に関する事項
⑩契約の更新又は解除に関する定めがあるときは、その内容
⑪法第40条の規定による住宅宿泊事業者への報告に関する事項

　④については、法第5条から第10条までの規定による業務及び届出住宅の維持保全に関して、**届出住宅の状況等に応じて回数や頻度を明示して可能な限り具体的に説明**される必要がありま

す。

　⑥については、委託業務の実施に伴い必要となる**水道光熱費**や、委託業務の実施のために要した届出住宅に設置・配置する備品、その他必要な物品等の購入に要した費用が該当します。

　⑦について該当するときは、**再委託予定者を事前に明らかにする**とともに、**再委託先を変更するごとに書面又は電磁的方法で委託者に知らせる必要があります**。また、再委託先が一方的に変更される可能性がある場合には、その旨を併せて事前に説明する必要があります。

　これらの具体的な内容の説明にあたっては、国土交通省の公表している住宅宿泊管理受託標準契約書も参考にして行うことが望ましいです。

■**関係条項等**
○法第33条（P130）
○国規則第14条、第15条（P156）
○ガイドライン3−2．（5）（P199）

〔**管理受託契約の締結時の書面**〕

Q52　管理受託契約の締結時の書面にはどのような内容を記載する必要がありますか。

A52　一般的には、**管理受託契約書そのものを交付すること**が想定されます。記載すべき事項は、管理受託契約の締結前の書面において記載すべき事項に含まれるため、契約の締結前に説明した事項から内容に変更がない場合には、同一の書面を交付しても

問題はありません。注意すべき事項については、A 50（P91）を
参照ください。

　管理受託契約の締結時の書面についても、依頼者の承諾を得た
上で電磁的方法により提供することが可能です。具体的な方法と
しては、電子メールによる送信、住宅宿泊管理業者のホームペー
ジからのダウンロード、CD-R の送付などが考えられます。

　管理受託契約書の策定及び具体的な内容の説明にあたっては、
国土交通省の公表している住宅宿泊管理受託標準契約書が参考と
して利用できます。

■関係条項等

○法第 34 条（P130）

○令第３条（P142）

○国規則第 17 条（P157）

○ガイドライン３－２.（6）から（11）（P200）

4　再委託について

〔再委託の留意点〕

Q53 住宅宿泊管理業務の再委託を行う際に留意すべき事項は
ありますか。

A53 住宅宿泊管理業務の一部を再委託することは認められま
すが、受託した住宅宿泊管理業務の全部を再委託することは禁止
されています。また受託した住宅宿泊管理業務を分割して複数の
事業者に再委託し、自らは住宅宿泊管理業務を一切行わないこと

も禁止されます。

　住宅宿泊管理業務の一部を再委託する場合、**再委託先について
は住宅宿泊管理業者であることまでは求められず**、清掃業者等の
専門業者とすることができますが、再委託先の住宅宿泊管理業務
の実施について**住宅宿泊事業者から受託した住宅宿泊管理業者が
責任を負う**こととなるため、再委託先の指導監督を適切に行うこ
とが必要です。また、再委託は、法第30条で禁止される名義貸
しと明確に区別するため、住宅宿泊管理業者の責任の下で住宅宿
泊管理業務が行われることを明記した契約により行うことが必要
です。

　再委託先の指導監督を適切に行うためには、法第25条の住宅
宿泊管理業者としての登録拒否要件に該当しない者に再委託する
ことが望ましいこととされています。A38（P73）も参照くださ
い。

　再委託についての依頼者への説明については、A51（P92）も
参照ください。

■関係条項等
○法第35条（P130）
○ガイドライン3－2.（12）（P202）

＜こちらも参考！＞
・法第30条（P130）

〔管理受託契約の締結者〕

Q54 管理受託契約の締結を再委託業者が行うことは可能です

か。

A54 契約締結にあたっての書面を交付して行う説明などは、業務の実施体制が整備された住宅宿泊管理業者が登録を受けて行うこととされており、これを**再委託業者が行うことは認められない**ものと解されます。そうした行為は法第30条で禁止する名義貸しに該当するおそれもあります。

　また、住宅宿泊管理業者との契約を省略して、住宅宿泊管理業者からのあっせんを受けた専門業者が住宅宿泊事業者との間で直接に管理受託契約を締結することは、法第11条第1項の規定に反することとなるため、住宅宿泊事業者が同項の違反に問われる可能性があります。なお、法第11条第1項の規定によらない、いわゆる「家主居住型」で住宅宿泊事業を営む場合の専門業者への業務委託については、可能となる場合があるため、A19（P46）を参照ください。

■関係条項等
○法第11条第1項（P125）、第30条、第33条第1項、第34条第1項（P130）

5　従業者証明書の携帯

〔従業者証明書の携帯〕

Q55 再委託先の従業員も従業者証明書を携帯する必要がありますか。

A55 住宅宿泊管理業者の責任の下で住宅宿泊管理業務に従事する者は、住宅宿泊管理業者の従業員、再委託先の従業員、いずれであっても従業者証明書の携帯が必要です。

　他方、住宅宿泊管理業者と直接の雇用関係のある者であっても、内部管理事務に限って従事する者については、従業者証明書の携帯の義務はありません。また、直接に届出住宅に立入り又は宿泊者や委託者と業務上接する者が対象であり、リネンの洗濯のみを行う者や車の運転手等も、従業者証明書の携帯の義務はありません。ただし、これらの者についても、従業者証明書を携帯することが望ましいこととされています。

　従業者証明書の有効期間については、一時的に業務に従事するものに携帯させる場合には、業務に従事する期間に限ることとされています。

■関係条項等
○法第37条（P131）
○ガイドライン3－2.（14）（P203）

6　帳簿の記載

〔帳簿の記載内容〕

Q56 営業所又は事務所に備え付ける帳簿には、どのような内容を記載する必要がありますか。

A56 帳簿に記載する事項は以下のとおりです。

①管理受託契約を締結した日
②管理受託契約を締結した住宅宿泊事業者の名称
③契約の対象となる届出住宅
④受託した住宅宿泊管理業務の内容
⑤報酬の額
⑥管理受託契約における特約その他参考となる事項

　これらの事項の記載にあたっては、管理受託契約の締結前及び締結時の説明内容を踏まえて行うこととなります。A 51 及びA 52（P92 ～ 94）を参照ください。

　④については、狭義の住宅宿泊管理業務に限らず、管理受託契約で定められた委託業務を含むこととされています。

　⑥については、国土交通省の公表している住宅宿泊管理受託標準契約書に定めのない事項など、住宅宿泊管理業者の判断により、参考となる事項を記載することとされています。

　帳簿については、電子計算機等（タブレット端末やスマートフォン等を含む）を用いて明確に紙面に表示することが可能であれば、ファイル等への記録をもって帳簿への記載に代えることができます。

　帳簿は各事業年度の末日をもって閉鎖することとなっており、閉鎖後5年間は、帳簿を保存しなければなりません。

■関係条項等
○法第 38 条（P131）
○国規則第 19 条（P157）
○ガイドライン3－2．（15）（P204）

7　業務の実施

〔業務実施の留意点〕

Q57　受託した住宅宿泊管理業務の実施にあたっては、どのような点に留意する必要がありますか。

A57　受託した住宅宿泊管理業務は、法第 36 条の規定により、住宅宿泊管理業者の責任の下で行われることとなるため、住宅宿泊管理業務が適切に行われない場合には、住宅宿泊管理業者が直接に指導監督等を受けることとなります。

　実施すべき内容は、原則として住宅宿泊事業者と同様であり、法第 5 条から第 10 条までの規定による業務については、A 23 〜 A 31（P52 〜 65）、届出住宅の維持保全については、A 40（P77）も参照ください。これらの業務が適切になされるためには、住宅宿泊事業者と業務範囲や実施方法について、詳細に相談の上、きめ細かに管理受託契約書で定めて行うことが必要です。

　宿泊者名簿の備え付ける場所については、住宅宿泊事業者が自ら行う場合と異なり、届出住宅内への備え付けは認められておらず、住宅宿泊管理業者の営業所又は事務所に備え付ける必要があるため注意が必要です。

　また、周辺住民からの苦情等への対応については、住宅宿泊管理業者による受託が想定されるいわゆる「家主不在型」の住宅宿泊事業では特に注意を要するため、A 60（P102）を参照ください。

■関係条項等
○法第36条第1項（P131）

<こちらも参考！>
・法第5条から第10条（P124）
・ガイドライン3－2．（13）（P202）

〔宿泊拒否〕

Q58 人数制限を超える宿泊者や、身元不明の宿泊者に対して、住宅宿泊管理業者が宿泊を拒否することは可能ですか。この場合、どのような点に留意する必要がありますか。

A58 住宅宿泊管理業者は、法第5条の規定による一人当たりの居室の床面積の制限や、法第8条の規定による正確な宿泊者名簿の記載などを確実に行うため、これらの実施に支障を生ずる場合には、宿泊を拒否することが必要となる場面が想定されます。A31（P52）も参照ください。

　また、苦情等の発生により事後的に退室を求めることなどが想定される場合にはあらかじめ住宅宿泊事業者との間で対応の権限を定めておくことがトラブル防止につながると考えられます。

<こちらも参考！>
・法第5条（P124）、第8条第1項（P125）、第36条（P131）
・規則第7条第1項、第3項（P146）
・厚規則（P165）
・ガイドライン3－2．（13）②（P202）

〔費用の負担〕

Q59 非常用照明器具の設置や避難経路の表示等に要する費用は住宅宿泊管理業者が負担する必要がありますか。

・・・・・・・・・・・・・・・・・・・・・・・・・・・・・・・・・・・

A59 一般的に、住宅宿泊管理業務に直接必要となる費用は、**住宅宿泊管理業者が負担し、報酬により賄われる**こととなります。当事者間において、住宅宿泊事業者の負担とすることに合意することも否定されませんが、管理受託契約において定めておくことがトラブルの防止に繋がるものと考えられます。

　また、住宅宿泊事業者がこれらの器具等を用意することも想定されますが、正常に機能しない場合には、法第6条等の規定を適切に遵守していないことについて、住宅宿泊管理業者の責任が問われることとなり得るため、住宅宿泊管理業者が予め動作などを確認するとともに、適切に維持保全することが必要です。

＜こちらも参考！＞
・法第6条（P125）、第33条第1項、第34条第1項（P130）
・国規則第14条（P156）、第17条（P157）
・ガイドライン3－2.（13）③（P203）

〔苦情への対応〕

Q60 届出住宅に住宅宿泊管理業者が常駐しないような場合、周辺住民からの苦情へはどのように対応する必要がありますか。また、駆けつけ時間の目安はどれくらいでしょうか。

A60 いわゆる家主不在型の住宅宿泊事業の場合には、住宅宿泊管理業者が届出住宅に常駐しないことも想定されますが、そのような場合であっても、苦情等への対応が必要となった場合には、すみやかに現地に赴くことが必要となります。**苦情があってから現地に赴くまでの時間は、30分以内が目安となっています。交通手段の状況等により現地に赴くまでに時間を要することが想定される場合には、60分以内が目安となっています。**

　現地への駆けつけについては、法第18条の規定による条例において、自治体によっては住宅宿泊事業を実施する期間の制限の要件となっている場合などがありますので、こうした条例なども確認しておくことが円滑な業務の実施に必要となります。

■関係条項等
○法第10条（P125）、第36条（P131）
○ガイドライン３－２.（13）⑥（P203）

〔宿泊日数等の報告〕

Q61 宿泊日数の行政への報告を住宅宿泊管理業者が行うことはできますか。

A61 住宅宿泊管理業者が住宅宿泊事業法上行わなければならない報告は、住宅宿泊管理業務の実施状況に関する依頼者への報告であり、住宅宿泊事業者が法第14条の規定により行うこととされている**都道府県知事等への宿泊日数等の報告は、住宅宿泊管理業者が行うこととはされていません。**

　他方、当事者間での取り決めにより、住宅宿泊管理業者が当該報告を代行することは可能ですが、住宅宿泊管理業者がこれを怠った場合、住宅宿泊事業者の責任が問われる場合があるため、注意が必要です。

　このように住宅宿泊管理業者が都道府県知事等に直接報告する方法のほか、住宅宿泊事業者が、住宅宿泊管理業者から宿泊者名簿の記載内容等から宿泊日数等の情報を整理して報告を受けた上で、都道府県知事等に報告する方法も想定されます。

　こうした方法をとる場合には、確実に住宅宿泊管理業者から情報が得られるよう、管理受託契約等により定めることが考えられます。国土交通省の公表している住宅宿泊管理受託標準契約書等を参照ください。

＜こちらも参考！＞

・法第14条（P126）、第40条（P131）
・国規則第21条（P158）
・ガイドライン2－2.（9）③（P187）

〔定期報告の内容〕

Q62 住宅宿泊事業者への定期報告は、どういった事項について、どのように行う必要がありますか。

A62 法第40条の規定により住宅宿泊事業者へ報告すべき事項は、以下のとおりであり、宿泊日数等の報告は含まれていません。宿泊日数等の報告については、A61（P103）を参照ください。

①報告の対象となる期間
②住宅宿泊管理業務の実施状況
③住宅宿泊管理業務の対象となる届出住宅の維持保全の状況
④住宅宿泊管理業務の対象となる届出住宅の周辺地域の住民
　からの苦情の発生状況

②については、狭義の住宅宿泊管理業務に限らず、管理受託契約で定められた委託業務を含むこととされています。なお、苦情等への対応の状況については、④ではなく、②として報告することとされています。

③については、届出住宅に設ける必要があるとされている台所、浴室、便所、洗面設備の状態について報告するとともに、水道や電気などのライフラインの状態についても報告の必要があります。

④については、苦情の発生した日時、苦情を申し出た者の属性、苦情内容等について、把握可能な限り記録の上で、報告することとなります。なお、単純な問い合わせについては、記録・報告の義務はありませんが、苦情を伴う問い合わせについては、記録の上、報告することとなります。

■関係条項等
○法第40条（P131）
○国規則第21条（P158）
○ガイドライン３−２.（16）（P204）

〔ごみ処理責任〕

Q63 宿泊者が出したごみの処理について、住宅宿泊管理業者に責任がありますか。

A63 住宅宿泊管理業者は、届出住宅の定期的な清掃や、届出住宅の維持保全を自らの責任において行うこととされており、届出住宅に廃棄されたごみについては、**住宅宿泊管理業者が廃棄物処理法に従って処分する必要**があります。

　なお、宿泊者が届出住宅の周辺等に不適切にごみを廃棄することのないよう、住宅宿泊管理業者は法第9条の規定に従って、宿泊者に対し、宿泊者が届出住宅内で排出したごみについて、市町村における廃棄物の分別方法等に沿って、届出住宅内の適切な場所にごみを捨てることなどを説明する必要があります。

＜こちらも参考！＞

・法第9条第1項（P125）、第36条（P131）
・規則第8条（P146）
・ガイドライン2-2.（5）③（P183）

第3章　貸す人と借りる人をつなぐ人 ―住宅宿泊仲介業―

1　総論・定義・登録

〔住宅宿泊仲介業の登録〕

Q64 どのような場合に住宅宿泊仲介業の登録が必要ですか。旅行業の登録を受けていますが、別途住宅宿泊仲介業の登録が必要ですか。

A64 報酬を得て、反復継続の意思をもって、次の行為を行う場合には、住宅宿泊仲介業の登録が必要です。

①宿泊者のため、届出住宅における宿泊のサービスの提供を受けることについて、代理して契約を締結し、媒介をし、又は取次ぎをする行為
②住宅宿泊事業者のため、宿泊者に対する届出住宅における宿泊のサービスの提供について、代理して契約を締結し、又は媒介をする行為

なお、旅行業の登録を受けている場合は、住宅宿泊仲介業の登録を受ける必要はありません。

■関係条項等
○法第2条第8項、第9項、第10項（P122）、第46条（P133）
○ガイドライン1－1.（5）（P171）

〔欠格事由〕

Q65 住宅宿泊仲介業を営むことのできない人はどのような人ですか。

・・

A65 住宅宿泊仲介業を営むことのできない者は、法第49条第1項の各号に列挙されています。そのおおまかな内容は以下のとおりです。

> ①成年被後見人又は被保佐人
> ②破産者
> ③登録取り消し後、5年を経過しない者
> ④刑罰等の執行後、5年を経過しない者
> ⑤暴力団員等
> ⑥住宅宿泊仲介業に関し不正又は不誠実な行為をするおそれがあると認めるに足りる相当の理由がある者
> ⑦未成年者で法定代理人が①～⑥のいずれかに該当するもの
> ⑧法人で、役員のうち①～⑥のいずれかに該当する者があるもの
> ⑨暴力団員等がその事業活動を支配する者
> ⑩財産的基礎を有しない者
> ⑪住宅宿泊仲介業を的確に遂行するための必要な体制が整備されていない者

　以上に該当しなければ、適切に申請の手続きを経ることにより、住宅宿泊仲介業者としての登録を受けることができます。上記の要件に該当しなければ、**個人や外国法人など**であっても、登

録を受けることができます。

⑥については、「登録の取消処分の通知後に処分逃れとして廃業した者」や、「法第58条各号に掲げる行為をしている者」などが該当します。法第58条各号に掲げる行為については、A70（P115）をご確認ください。

⑩については、財産的基礎を有していると認められるためには、「**負債の合計額が資産の合計額を超えないこと**」「**支払不能に陥っていないこと**」のいずれにも適合している必要があります。支払い不能とは、支払い能力の欠乏のため弁済期にある全ての債務について継続的に弁済することができない客観的状態をいうこととされています。

⑪については、詳細については、A66を参照ください。

■関係条項等

○法第49条第1項（P133）
○国規則第29条、第30条、第31条（P161）
○ガイドライン4－1．（4）（P209）

〔事業を遂行する体制〕

Q66 住宅宿泊管理業を的確に遂行するための必要な体制とはどのようなものですか。

A66 法第49条第1項第11号の規定により、住宅宿泊仲介業を的確に遂行するための必要な体制が整備されていない者は、住宅宿泊仲介業の登録を受けることが認められません。

より具体的には、次のいずれかに該当する場合は、必要な体制

が整備されていない者であることとなります。

> ①業務の執行が法令に適合することを確保するための必要な
> 体制が整備されていると認められない者
> ②宿泊者又は住宅宿泊事業者からの苦情、問合せ等に迅速か
> つ適切に対応するための必要な体制が整備されていると認
> められない者
> ③契約締結の年月日、契約の相手方等、宿泊者又は住宅宿泊
> 事業者等と締結した契約の内容に関して、記録及び保管を
> 行うための必要な体制が整備されていると認められない者

■関係条項等
○法第49条第1項第11号（P134）
○国規則第31条（P161）

〔民泊制度運営システムを用いた登録〕

Q67 民泊制度運営システムを用いた登録の手続きはどのように行いますか。

A67 民泊制度運営システムについては、民泊制度運営ポータルサイトからアクセスすることで利用いただくことができます。
　本システムにおいて住宅宿泊仲介業の申請・届出を行うために、次のような利用が可能になっております。

①書類の提出も含めた申請・届出等の手続きを全て本システ
ム上で行う。
②届出等の作成及び一部書類の提出を本システム上で行い、
その他の書類については窓口に提出する。
③申請・届出等の作成のみ本システム上で行い、書類の提出
は郵送・窓口にて行う。

①による手続きの流れは、以下のとおりです。

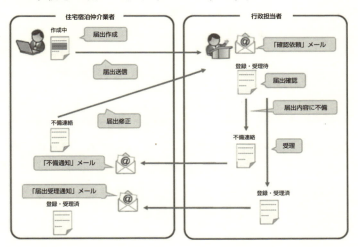

②③による手続きの流れは、以下のとおりです。

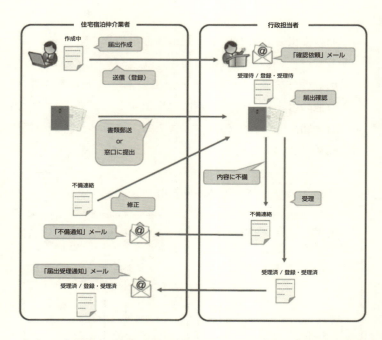

　なお、申請者の捺印が必要とされている書類（登録申請書、欠格事由に該当しないことの誓約書）を民泊制度運営システムから申請する場合においては、電子署名が必要となりますので、本システム外で署名を行っていただく必要があります。

■関係条項等

○ガイドライン4-1.（1）①（P205）

〔登録時の添付書類〕

Q68 住宅宿泊仲介業の登録申請書に添付する書類はどのようなものですか。

A68 住宅宿泊仲介業の登録申請書には、次の書類を添付する必要があります。

①成年被後見人及び被保佐人に該当しない旨の後見等登記事項証明書等（法人の場合は役員のもの）

②成年被後見人及び被保佐人とみなされる者並びに破産手続開始の決定を受けて復権を得ない者に該当しない旨の市町村長の証明書等（法人の場合は役員のもの）

③定款又は寄付行為等（法人の場合のみ）

④登記事項証明書等（法人の場合のみ）

⑤最近の事業年度における貸借対照表及び損益計算書（法人の場合のみ）

⑥財産に関する調書（個人の場合のみ）

⑦住宅宿泊仲介業を的確に遂行するための必要な体制が整備されていることを証する書類

⑧欠格事由に該当しないことを誓約する書面

⑨住民票の抄本（個人の場合のみ）

　また、⑤については、新規に設立された法人で最初の決算期を迎えていない場合は、設立時や開業時に作成される開業貸借対照表を添付するのみで足ります。

　住宅宿泊仲介業の登録の手続きは民泊制度運営システムを利用し電子的に行うことができますが（A 67（P110）参照）、官公署等が発行する書類については、書類の原本を観光庁に別途優先する必要があります。

■関係条項等
○法第47条第2項（P133）
○国規則第28条第1項（P159）
○ガイドライン4－1．（3）（P207）

2　業務の実施

〔事前準備〕

Q69 実際に宿泊サービスのあっせんを開始する前に行うべきことはありますか。

A69 法第58条第4号、国規則第39条第2号に基づき、住宅宿泊仲介業者は、宿泊サービスを提供する者と取引を行う際に、その者が法第3条第1項の届出をした者であるかを確認しなければならないこととされています。

　当該規定により、住宅宿泊仲介業者は、**仲介サイトに物件を掲載する場合には、届出番号を確認する必要があります**。届出番号の確認にあたっては、宿泊サービスを提供する者に届出番号を入力させ、入力が確認できないものについては、非表示等とする等の電子的処理による方法も認めることとされています。

■関係条項等
○法第58条（P136）
○国規則第39条（P162）
○ガイドライン4－5．④（P212）

〔法令違反のあっせん等〕

Q70 法令違反のあっせん等とは、例えばどのような行為が該当しますか。

A70 法第58条各号に基づき、住宅宿泊仲介業者は、宿泊者に対し、法令に違反するサービスの提供を受けることをあっせんすること等を禁止しています。当該規定により、例えば、次のようなことが該当すると考えられます。

＜法第58条第1号：法令に違反する行為のあっせん等＞
①麻薬、銃器等禁制品の取引のあっせん又は便宜供与
②違法賭博行為のあっせん又は便宜供与

＜法第58条第2号：法令に違反するサービスの提供を受けることのあっせん等＞
①明らかに虚偽と認められる届出番号を示している施設のあっせん又は便宜供与
②旅館業の無許可営業者による宿泊サービスを受けることのあっせん又は便宜供与
③売春防止法に違反するサービスの提供を受ける行為のあっせん又は便宜供与

　なお、住宅宿泊仲介業務を行う際に、旅行業又は住宅宿泊仲介業の登録を受けていない業者の仲介サイトに掲載する行為についても法第58条2号に該当することとなります。

<法第58条第３号：あっせん等の広告の禁止>
　法第３条第１項に基づく届出、旅館業法に基づく許可又は特区民泊の認定等を受けていない物件について仲介サイトに掲載する行為があてはまります。適法な物件であるかの確認は、自社が運営する民泊仲介サイト上で、住宅宿泊事業者等から届出番号、旅館業法の許可番号等を入力させ、入力が確認できないものについては、非表示とするなどの電子的処理による方法も認めることとされています。

<法第58条第４号：届出をした者であるかどうかの確認を怠る行為について>
　A 69（P114）についてご確認ください。

■関係条項等
○法第58条（P136）
○ガイドライン４－５（P211）

〔観光庁への報告〕

Q71 仲介サイトに掲載されている物件における宿泊実績について、行政庁に報告する必要がありますか。

A71 住宅宿泊事業者の人を宿泊させた日数が180日を超過していないか、又は条例で制限がある場合においては、当該条例で禁止されている期間に営業が行われていないかを補完的に確認す

るため、住宅宿泊事業者の仲介サイトに掲載の届出物件に係る以
下の項目について、**年２回観光庁に報告**しなければいけません。

---

①住宅宿泊事業者の商号名称又は氏名
②届出住宅の住所及び届出番号
③届出住宅において人を宿泊させた日数

　なお、住宅宿泊仲介業者から観光庁への報告等により、違法な
物件が民泊仲介サイトに掲載されていることを観光庁において確
認した場合には、観光庁より当該民泊仲介サイトを運営する住宅
宿泊仲介業者に対し、当該物件に関する情報を当該サイト上から
削除すること等を要請することがあることとされています。

■関係条項等
○法第58条（P136）
○ガイドライン４－５.　③（P211）、４－７（P213）

〔住宅宿泊仲介契約の締結前の書面の報告〕

Q72　住宅宿泊仲介業者は、住宅宿泊仲介契約を締結しようと
することは、宿泊者に対し、書面の交付によりどのような事項を
説明しなければならないですか。

A72　法第59条により宿泊者へ報告すべき主な事項は、以下
のとおりです。

①住宅宿泊仲介業者の商号、名称又は氏名並びに登録年月
　日及び登録番号

②住宅宿泊事業者の商号、名称又は氏名及び届出番号

③届出住宅

④宿泊日

⑤宿泊者が住宅宿泊仲介業者に支払うべき対価及び報酬並
　びにこれらの支払の時期及び方法

⑥宿泊のサービスの内容

⑦⑤の対価に含まれていない宿泊に関する費用であって、
　宿泊者が通常必要とするもの

⑧契約の申込方法及び契約の成立に関する事項

⑨責任及び免責に関する事項

⑩契約の変更及び解除に関する事項

⑪宿泊者の資格（資格を定める場合）

⑫宿泊者が取得することが望ましい安全及び衛生に関する
　情報（ある場合）

　また、②については、宿泊者が宿泊を予定している届出住宅の住所及び届出住宅までの道順を示した経路、届出住宅の位置を示した地図又は届出住宅の外観がわかる写真等、宿泊者が正確に届出住宅の位置を把握できる情報のことをいいます。

　⑤は、対価とは、宿泊者が支払う合計金額をいい、報酬とは対価のうち住宅宿泊仲介業者が受け取る金額をいいます。

■関係条項等

○法第59条（P136）

○国規則第40条（P162）
○ガイドライン4−6（P213）

第3編
参考資料

○住宅宿泊事業法

平成29年6月16日
法律第65号

住宅宿泊事業法をここに公布する。
　　住宅宿泊事業法
　　第1章　総則
（目的）
第1条　この法律は、我が国における観光旅客の宿泊をめぐる状況に鑑み、住宅宿泊事業
を営む者に係る届出制度並びに住宅宿泊管理業を営む者及び住宅宿泊仲介業を営む者に
係る登録制度を設ける等の措置を講ずることにより、これらの事業を営む者の業務の適
正な運営を確保しつつ、国内外からの観光旅客の宿泊に対する需要に的確に対応してこ
れらの者の来訪及び滞在を促進し、もって国民生活の安定向上及び国民経済の発展に寄
与することを目的とする。
（定義）
第2条　この法律において「住宅」とは、次の各号に掲げる要件のいずれにも該当する家
屋をいう。
　一　当該家屋内に台所、浴室、便所、洗面設備その他の当該家屋を生活の本拠として使
　　用するために必要なものとして国土交通省令・厚生労働省令で定める設備が設けられ
　　ていること。
　二　現に人の生活の本拠として使用されている家屋、従前の入居者の賃貸借の期間の満
　　了後新たな入居者の募集が行われている家屋その他の家屋であって、人の居住の用に
　　供されていると認められるものとして国土交通省令・厚生労働省令で定めるものに該
　　当すること。
2　この法律において「宿泊」とは、寝具を使用して施設を利用することをいう。
3　この法律において「住宅宿泊事業」とは、旅館業法（昭和23年法律第138号）第3条
の2第1項に規定する営業者以外の者が宿泊料を受けて住宅に人を宿泊させる事業で
あって、人を宿泊させる日数として国土交通省令・厚生労働省令で定めるところにより
算定した日数が1年間で180日を超えないものをいう。
4　この法律において「住宅宿泊事業者」とは、次条第1項の届出をして住宅宿泊事業を
営む者をいう。
5　この法律において「住宅宿泊管理業務」とは、第5条から第10条までの規定による業
務及び住宅宿泊事業の適切な実施のために必要な届出住宅（次条第1項の届出に係る住
宅をいう。以下同じ。）の維持保全に関する業務をいう。
6　この法律において「住宅宿泊管理業」とは、住宅宿泊事業者から第11条第1項の規定
による委託を受けて、報酬を得て、住宅宿泊管理業務を行う事業をいう。
7　この法律において「住宅宿泊管理業者」とは、第22条第1項の登録を受けて住宅宿泊
管理業を営む者をいう。
8　この法律において「住宅宿泊仲介業務」とは、次に掲げる行為をいう。

一　宿泊者のため、届出住宅における宿泊のサービスの提供を受けることについて、代理して契約を締結し、媒介をし、又は取次ぎをする行為

二　住宅宿泊事業者のため、宿泊者に対する届出住宅における宿泊のサービスの提供について、代理して契約を締結し、又は媒介をする行為

9　この法律において「住宅宿泊仲介業」とは、旅行業法（昭和27年法律第239号）第6条の4第1項に規定する旅行業者（第12条及び第67条において単に「旅行業者」という。）以外の者が、報酬を得て、前項各号に掲げる行為を行う事業をいう。

10　この法律において「住宅宿泊仲介業者」とは、第46条第1項の登録を受けて住宅宿泊仲介業を営む者をいう。

第2章　住宅宿泊事業

第1節　届出等

（届出）

第3条　都道府県知事（保健所を設置する市又は特別区（以下「保健所設置市等」という。）であって、その長が第68条第1項の規定により同項に規定する住宅宿泊事業等関係行政事務を処理するものの区域にあっては、当該保健所設置市等の長。第7項並びに同条第1項及び第2項を除き、以下同じ。）に住宅宿泊事業を営む旨の届出をした者は、旅館業法第3条第1項の規定にかかわらず、住宅宿泊事業を営むことができる。

2　前項の届出をしようとする者は、国土交通省令・厚生労働省令で定めるところにより、住宅宿泊事業を営もうとする住宅ごとに、次に掲げる事項を記載した届出書を都道府県知事に提出しなければならない。

一　商号、名称又は氏名及び住所

二　法人である場合においては、その役員の氏名

三　未成年者である場合においては、その法定代理人の氏名及び住所（法定代理人が法人である場合にあっては、その商号又は名称及び住所並びにその役員の氏名）

四　住宅の所在地

五　営業所又は事務所を設ける場合においては、その名称及び所在地

六　第11条第1項の規定による住宅宿泊管理業務の委託（以下単に「住宅宿泊管理業務の委託」という。）をする場合においては、その相手方である住宅宿泊管理業者の商号、名称又は氏名その他の国土交通省令・厚生労働省令で定める事項

七　その他国土交通省令・厚生労働省令で定める事項

3　前項の届出書には、当該届出に係る住宅の図面、第1項の届出をしようとする者が次条各号のいずれにも該当しないことを誓約する書面その他の国土交通省令・厚生労働省令で定める書類を添付しなければならない。

4　住宅宿泊事業者は、第2項第1号から第3号まで、第5号又は第7号に掲げる事項に変更があったときはその日から30日以内に、同項第6号に掲げる事項を変更しようとするときはあらかじめ、その旨を都道府県知事に届け出なければならない。

5　第3項の規定は、前項の規定による届出について準用する。

6　住宅宿泊事業者が次の各号のいずれかに該当することとなったときは、当該各号に定める者は、国土交通省令・厚生労働省令で定めるところにより、その日（第1号の場合

にあっては、その事実を知った日）から30日以内に、その旨を都道府県知事に届け出なければならない。

一　住宅宿泊事業者である個人が死亡したとき　その相続人

二　住宅宿泊事業者である法人が合併により消滅したとき　その法人を代表する役員であった者

三　住宅宿泊事業者である法人が破産手続開始の決定により解散したとき　その破産管財人

四　住宅宿泊事業者である法人が合併及び破産手続開始の決定以外の理由により解散したとき　その清算人

五　住宅宿泊事業を廃止したとき　住宅宿泊事業者であった個人又は住宅宿泊事業者であった法人を代表する役員

7　都道府県知事は、第1項、第4項又は前項の規定による届出を受理した場合において、当該届出に係る住宅が保健所設置市等（その長が第68条第1項の規定により同項に規定する住宅宿泊事業等関係行政事務を処理するものを除く。）の区域内に所在するときは、遅滞なく、その旨を当該保健所設置市等の長に通知しなければならない。

（欠格事由）

第4条　次の各号のいずれかに該当する者は、住宅宿泊事業を営んではならない。

一　成年被後見人又は被保佐人

二　破産手続開始の決定を受けて復権を得ない者

三　第16条第2項の規定により住宅宿泊事業の廃止を命ぜられ、その命令の日から3年を経過しない者（当該命令をされた者が法人である場合にあっては、当該命令の日前30日以内に当該法人の役員であった者で当該命令の日から3年を経過しないものを含む。）

四　禁錮以上の刑に処せられ、又はこの法律若しくは旅館業法の規定により罰金の刑に処せられ、その執行を終わり、又は執行を受けることがなくなった日から起算して3年を経過しない者

五　暴力団員による不当な行為の防止等に関する法律（平成3年法律第77号）第2条第6号に規定する暴力団員又は同号に規定する暴力団員でなくなった日から5年を経過しない者（以下「暴力団員等」という。）

六　営業に関し成年者と同一の行為能力を有しない未成年者でその法定代理人（法定代理人が法人である場合にあっては、その役員を含む。第25条第1項第7号及び第49条第1項第7号において同じ。）が前各号のいずれかに該当するもの

七　法人であって、その役員のうちに第1号から第5号までのいずれかに該当する者があるもの

八　暴力団員等がその事業活動を支配する者

　　第2節　業務

（宿泊者の衛生の確保）

第5条　住宅宿泊事業者は、届出住宅について、各居室（住宅宿泊事業の用に供するものに限る。第11条第1項第1号において同じ。）の床面積に応じた宿泊者数の制限、定期

的な清掃その他の宿泊者の衛生の確保を図るために必要な措置であって厚生労働省令で定めるものを講じなければならない。

（宿泊者の安全の確保）

第6条　住宅宿泊事業者は、届出住宅について、非常用照明器具の設置、避難経路の表示その他の火災その他の災害が発生した場合における宿泊者の安全の確保を図るために必要な措置であって国土交通省令で定めるものを講じなければならない。

（外国人観光旅客である宿泊者の快適性及び利便性の確保）

第7条　住宅宿泊事業者は、外国人観光旅客である宿泊者に対し、届出住宅の設備の使用方法に関する外国語を用いた案内、移動のための交通手段に関する外国語を用いた情報提供その他の外国人観光旅客である宿泊者の快適性及び利便性の確保を図るために必要な措置であって国土交通省令で定めるものを講じなければならない。

（宿泊者名簿の備付け等）

第8条　住宅宿泊事業者は、国土交通省令・厚生労働省令で定めるところにより届出住宅その他の国土交通省令・厚生労働省令で定める場所に宿泊者名簿を備え、これに宿泊者の氏名、住所、職業その他の国土交通省令・厚生労働省令で定める事項を記載し、都道府県知事の要求があったときは、これを提出しなければならない。

2　宿泊者は、住宅宿泊事業者から請求があったときは、前項の国土交通省令・厚生労働省令で定める事項を告げなければならない。

（周辺地域の生活環境への悪影響の防止に関し必要な事項の説明）

第9条　住宅宿泊事業者は、国土交通省令・厚生労働省令で定めるところにより、宿泊者に対し、騒音の防止のために配慮すべき事項その他の届出住宅の周辺地域の生活環境への悪影響の防止に関し必要な事項であって国土交通省令・厚生労働省令で定めるものについて説明しなければならない。

2　住宅宿泊事業者は、外国人観光旅客である宿泊者に対しては、外国語を用いて前項の規定による説明をしなければならない。

（苦情等への対応）

第10条　住宅宿泊事業者は、届出住宅の周辺地域の住民からの苦情及び問合せについては、適切かつ迅速にこれに対応しなければならない。

（住宅宿泊管理業務の委託）

第11条　住宅宿泊事業者は、次の各号のいずれかに該当するときは、国土交通省令・厚生労働省令で定めるところにより、当該届出住宅に係る住宅宿泊管理業務を一の住宅宿泊管理業者に委託しなければならない。ただし、住宅宿泊事業者が住宅宿泊管理業者である場合において、当該住宅宿泊事業者が自ら当該届出住宅に係る住宅宿泊管理業務を行うときは、この限りでない。

　　一　届出住宅の居室の数が、一の住宅宿泊事業者が各居室に係る住宅宿泊管理業務の全部を行ったとしてもその適切な実施に支障を生ずるおそれがないものとして国土交通省・厚生労働省令で定める居室の数を超えるとき。

　　二　届出住宅に人を宿泊させる間、不在（一時的なものとして国土交通省令・厚生労働省令で定めるものを除く。）となるとき（住宅宿泊事業者が自己の生活の本拠として

使用する住宅と届出住宅との距離その他の事情を勘案し、住宅宿泊管理業務を住宅宿泊管理業者に委託しなくてもその適切な実施に支障を生ずるおそれがないと認められる場合として国土交通省令・厚生労働省令で定めるときを除く。）。

2　第5条から前条までの規定は、住宅宿泊管理業務の委託がされた届出住宅において住宅宿泊事業を営む住宅宿泊事業者については、適用しない。

（宿泊サービス提供契約の締結の代理等の委託）

第12条　住宅宿泊事業者は、宿泊サービス提供契約（宿泊者に対する届出住宅における宿泊のサービスの提供に係る契約をいう。）の締結の代理又は媒介を他人に委託するときは、住宅宿泊仲介業者又は旅行業者に委託しなければならない。

（標識の掲示）

第13条　住宅宿泊事業者は、届出住宅ごとに、公衆の見やすい場所に、国土交通省令・厚生労働省令で定める様式の標識を掲げなければならない。

（都道府県知事への定期報告）

第14条　住宅宿泊事業者は、届出住宅に人を宿泊させた日数その他の国土交通省令・厚生労働省令で定める事項について、国土交通省令・厚生労働省令で定めるところにより、定期的に、都道府県知事に報告しなければならない。

第3節　監督

（業務改善命令）

第15条　都道府県知事は、住宅宿泊事業の適正な運営を確保するため必要があると認めるときは、その必要の限度において、住宅宿泊事業者に対し、業務の方法の変更その他業務の運営の改善に必要な措置をとるべきことを命ずることができる。

（業務停止命令等）

第16条　都道府県知事は、住宅宿泊事業者がその営む住宅宿泊事業に関し法令又は前条の規定による命令に違反したときは、1年以内の期間を定めて、その業務の全部又は一部の停止を命ずることができる。

2　都道府県知事は、住宅宿泊事業者がその営む住宅宿泊事業に関し法令又は前条若しくは前項の規定による命令に違反した場合であって、他の方法により監督の目的を達成することができないときは、住宅宿泊事業の廃止を命ずることができる。

3　都道府県知事は、前2項の規定による命令をしたときは、遅滞なく、その理由を示して、その旨を住宅宿泊事業者に通知しなければならない。

（報告徴収及び立入検査）

第17条　都道府県知事は、住宅宿泊事業の適正な運営を確保するため必要があると認めるときは、住宅宿泊事業者に対し、その業務に関し報告を求め、又はその職員に、届出住宅その他の施設に立ち入り、その業務の状況若しくは設備、帳簿書類その他の物件を検査させ、若しくは関係者に質問させることができる。

2　前項の規定により立入検査をする職員は、その身分を示す証明書を携帯し、関係者に提示しなければならない。

3　第1項の規定による立入検査の権限は、犯罪捜査のために認められたものと解してはならない。

第4節　雑則

（条例による住宅宿泊事業の実施の制限）

第18条　都道府県（第68条第1項の規定により同項に規定する住宅宿泊事業等関係行政事務を処理する保健所設置市等の区域にあっては、当該保健所設置市等）は、住宅宿泊事業に起因する騒音の発生その他の事象による生活環境の悪化を防止するため必要があるときは、合理的に必要と認められる限度において、政令で定める基準に従い条例で定めるところにより、区域を定めて、住宅宿泊事業を実施する期間を制限することができる。

（住宅宿泊事業者に対する助言等）

第19条　観光庁長官は、住宅宿泊事業の適切な実施を図るため、住宅宿泊事業者に対し、インターネットを利用することができる機能を有する設備の整備その他の外国人観光旅客に対する接遇の向上を図るための措置に関し必要な助言その他の援助を行うものとする。

（住宅宿泊事業に関する情報の提供）

第20条　観光庁長官は、外国人観光旅客の宿泊に関する利便の増進を図るため、外国人観光旅客に対し、住宅宿泊事業の実施状況その他の住宅宿泊事業に関する情報を提供するものとする。

2　観光庁長官は、前項の情報を提供するため必要があると認めるときは、都道府県知事に対し、当該都道府県の区域内に所在する届出住宅に関し必要な情報の提供を求めることができる。

（建築基準法との関係）

第21条　建築基準法（昭和25年法律第201号）及びこれに基づく命令の規定において「住宅」、「長屋」、「共同住宅」又は「寄宿舎」とあるのは、届出住宅であるものを含むものとする。

第3章　住宅宿泊管理業

第1節　登録

（登録）

第22条　住宅宿泊管理業を営もうとする者は、国土交通大臣の登録を受けなければならない。

2　前項の登録は、5年ごとにその更新を受けなければ、その期間の経過によって、その効力を失う。

3　前項の更新の申請があった場合において、同項の期間（以下この項及び次項において「登録の有効期間」という。）の満了の日までにその申請に対する処分がされないときは、従前の登録は、登録の有効期間の満了後もその処分がされるまでの間は、なおその効力を有する。

4　前項の場合において、登録の更新がされたときは、その登録の有効期間は、従前の登録の有効期間の満了の日の翌日から起算するものとする。

5　第2項の登録の更新を受けようとする者は、実費を勘案して政令で定める額の手数料を納めなければならない。

（登録の申請）
第23条　前条第1項の登録（同条第二項の登録の更新を含む。以下この章及び第72条第2号において同じ。）を受けようとする者は、次に掲げる事項を記載した申請書を国土交通大臣に提出しなければならない。
一　商号、名称又は氏名及び住所
二　法人である場合においては、その役員の氏名
三　未成年者である場合においては、その法定代理人の氏名及び住所（法定代理人が法人である場合にあっては、その商号又は名称及び住所並びにその役員の氏名）
四　営業所又は事務所の名称及び所在地
2　前項の申請書には、前条第1項の登録を受けようとする者が第25条第1項各号のいずれにも該当しないことを誓約する書面その他の国土交通省令で定める書類を添付しなければならない。
（登録簿への記載等）
第24条　国土交通大臣は、前条第1項の規定による登録の申請があったときは、次条第1項の規定により登録を拒否する場合を除き、次に掲げる事項を住宅宿泊管理業者登録簿に登録しなければならない。
一　前条第1項各号に掲げる事項
二　登録年月日及び登録番号
2　国土交通大臣は、前項の規定による登録をしたときは、遅滞なく、その旨を申請者及び都道府県知事に通知しなければならない。
（登録の拒否）
第25条　国土交通大臣は、第22条第1項の登録を受けようとする者が次の各号のいずれかに該当するとき、又は第23条第1項の申請書若しくはその添付書類のうちに重要な事項について虚偽の記載があり、若しくは重要な事実の記載が欠けているときは、その登録を拒否しなければならない。
一　成年被後見人又は被保佐人
二　破産手続開始の決定を受けて復権を得ない者
三　第42条第1項又は第4項の規定により登録を取り消され、その取消しの日から5年を経過しない者（当該登録を取り消された者が法人である場合にあっては、当該取消しの日前30日以内に当該法人の役員であった者で当該取消しの日から5年を経過しないものを含む。）
四　禁錮以上の刑に処せられ、又はこの法律の規定により罰金の刑に処せられ、その執行を終わり、又は執行を受けることがなくなった日から起算して5年を経過しない者
五　暴力団員等
六　住宅宿泊管理業に関し不正又は不誠実な行為をするおそれがあると認めるに足りる相当の理由がある者として国土交通省令で定めるもの
七　営業に関し成年者と同一の行為能力を有しない未成年者でその法定代理人が前各号のいずれかに該当するもの
八　法人であって、その役員のうちに第1号から第6号までのいずれかに該当する者が

あるもの

　　九　暴力団員等がその事業活動を支配する者

　　十　住宅宿泊管理業を遂行するために必要と認められる国土交通省令で定める基準に適
　　　合する財産的基礎を有しない者

　　十一　住宅宿泊管理業を的確に遂行するための必要な体制が整備されていない者として
　　　国土交通省令で定めるもの

２　国土交通大臣は、前項の規定により登録を拒否したときは、遅滞なく、その理由を示
　して、その旨を申請者に通知しなければならない。

（変更の届出等）

第26条　住宅宿泊管理業者は、第23条第１項各号に掲げる事項に変更があったときは、
　その日から30日以内に、その旨を国土交通大臣に届け出なければならない。

２　国土交通大臣は、前項の規定による届出を受理したときは、当該届出に係る事項が前
　条第１項第７号又は第８号に該当する場合を除き、当該事項を住宅宿泊管理業者登録簿
　に登録しなければならない。

３　国土交通大臣は、前項の規定による登録をしたときは、遅滞なく、その旨を都道府県
　知事に通知しなければならない。

４　第23条第２項の規定は、第１項の規定による届出について準用する。

（住宅宿泊管理業者登録簿の閲覧）

第27条　国土交通大臣は、住宅宿泊管理業者登録簿を一般の閲覧に供しなければならな
　い。

（廃業等の届出）

第28条　住宅宿泊管理業者が次の各号のいずれかに該当することとなったときは、当該
　各号に定める者は、国土交通省令で定めるところにより、その日（第１号の場合にあっ
　ては、その事実を知った日）から30日以内に、その旨を国土交通大臣に届け出なければ
　ならない。

　　一　住宅宿泊管理業者である個人が死亡したとき　その相続人

　　二　住宅宿泊管理業者である法人が合併により消滅したとき　その法人を代表する役員
　　　であった者

　　三　住宅宿泊管理業者である法人が破産手続開始の決定により解散したとき　その破産
　　　管財人

　　四　住宅宿泊管理業者である法人が合併及び破産手続開始の決定以外の理由により解散
　　　したとき　その清算人

　　五　住宅宿泊管理業を廃止したとき　住宅宿泊管理業者であった個人又は住宅宿泊管理
　　　業者であった法人を代表する役員

２　住宅宿泊管理業者が前項各号のいずれかに該当することとなったときは、第22条第１
　項の登録は、その効力を失う。

　　　　　第２節　業務

（業務処理の原則）

第29条　住宅宿泊管理業者は、信義を旨とし、誠実にその業務を行わなければならない。

（名義貸しの禁止）

第30条　住宅宿泊管理業者は、自己の名義をもって、他人に住宅宿泊管理業を営ませてはならない。

（誇大広告等の禁止）

第31条　住宅宿泊管理業者は、その業務に関して広告をするときは、住宅宿泊管理業者の責任に関する事項その他の国土交通省令で定める事項について、著しく事実に相違する表示をし、又は実際のものよりも著しく優良であり、若しくは有利であると人を誤認させるような表示をしてはならない。

（不当な勧誘等の禁止）

第32条　住宅宿泊管理業者は、次に掲げる行為をしてはならない。

一　管理受託契約（住宅宿泊管理業務の委託を受けることを内容とする契約をいう。以下同じ。）の締結の勧誘をするに際し、又はその解除を妨げるため、住宅宿泊管理業務を委託し、又は委託しようとする住宅宿泊事業者（以下「委託者」という。）に対し、当該管理受託契約に関する事項であって委託者の判断に影響を及ぼすこととなる重要なものにつき、故意に事実を告げず、又は不実のことを告げる行為

二　前号に掲げるもののほか、住宅宿泊管理業に関する行為であって、委託者の保護に欠けるものとして国土交通省令で定めるもの

（管理受託契約の締結前の書面の交付）

第33条　住宅宿泊管理業者は、管理受託契約を締結しようとするときは、委託者（住宅宿泊管理業者である者を除く。）に対し、当該管理受託契約を締結するまでに、管理受託契約の内容及びその履行に関する事項であって国土交通省令で定めるものについて、書面を交付して説明しなければならない。

2　住宅宿泊管理業者は、前項の規定による書面の交付に代えて、政令で定めるところにより、委託者の承諾を得て、当該書面に記載すべき事項を電磁的方法（電子情報処理組織を使用する方法その他の情報通信の技術を利用する方法であって国土交通省令で定めるものをいう。第60条第2項において同じ。）により提供することができる。この場合において、当該住宅宿泊管理業者は、当該書面を交付したものとみなす。

（管理受託契約の締結時の書面の交付）

第34条　住宅宿泊管理業者は、管理受託契約を締結したときは、委託者に対し、遅滞なく、次に掲げる事項を記載した書面を交付しなければならない。

一　住宅宿泊管理業務の対象となる届出住宅

二　住宅宿泊管理業務の実施方法

三　契約期間に関する事項

四　報酬に関する事項

五　契約の更新又は解除に関する定めがあるときは、その内容

六　その他国土交通省令で定める事項

2　前条第2項の規定は、前項の規定による書面の交付について準用する。

（住宅宿泊管理業務の再委託の禁止）

第35条　住宅宿泊管理業者は、住宅宿泊事業者から委託された住宅宿泊管理業務の全部

を他の者に対し、再委託してはならない。

（住宅宿泊管理業務の実施）

第36条　第5条から第10条までの規定は、住宅宿泊管理業務の委託がされた届出住宅に
おいて住宅宿泊管理業を営む住宅宿泊管理業者について準用する。この場合において、
第8条第1項中「届出住宅その他の国土交通省令・厚生労働省令で定める場所」とある
のは「当該住宅宿泊管理業者の営業所又は事務所」と、「都道府県知事」とあるのは「国
土交通大臣又は都道府県知事」と読み替えるものとする。

（証明書の携帯等）

第37条　住宅宿泊管理業者は、国土交通省令で定めるところにより、その業務に従事す
る使用人その他の従業者に、その従業者であることを証する証明書を携帯させなければ、
その者をその業務に従事させてはならない。

2　住宅宿泊管理業者の使用人その他の従業者は、その業務を行うに際し、住宅宿泊事業
者その他の関係者から請求があったときは、前項の証明書を提示しなければならない。

（帳簿の備付け等）

第38条　住宅宿泊管理業者は、国土交通省令で定めるところにより、その営業所又は事
務所ごとに、その業務に関する帳簿を備え付け、届出住宅ごとに管理受託契約について
契約年月日その他の国土交通省令で定める事項を記載し、これを保存しなければならな
い。

（標識の掲示）

第39条　住宅宿泊管理業者は、その営業所又は事務所ごとに、公衆の見やすい場所に、
国土交通省令で定める様式の標識を掲げなければならない。

（住宅宿泊事業者への定期報告）

第40条　住宅宿泊管理業者は、住宅宿泊管理業務の実施状況その他の国土交通省令で定
める事項について、国土交通省令で定めるところにより、定期的に、住宅宿泊事業者に
報告しなければならない。

　　　　第3節　監督

（業務改善命令）

第41条　国土交通大臣は、住宅宿泊管理業の適正な運営を確保するため必要があると認
めるときは、その必要の限度において、住宅宿泊管理業者に対し、業務の方法の変更そ
の他業務の運営の改善に必要な措置をとるべきことを命ずることができる。この場合に
おいて、国土交通大臣は、都道府県知事に対し、遅滞なく、当該命令をした旨を通知し
なければならない。

2　都道府県知事は、住宅宿泊管理業（第36条において準用する第5条から第10条までの
規定による業務に限る。第45条第2項において同じ。）の適正な運営を確保するため必
要があると認めるときは、その必要の限度において、住宅宿泊管理業者（当該都道府県
の区域内において住宅宿泊管理業を営む者に限る。次条第2項及び第45条第2項におい
て同じ。）に対し、業務の方法の変更その他業務の運営の改善に必要な措置をとるべき
ことを命ずることができる。この場合において、都道府県知事は、国土交通大臣に対し、
遅滞なく、当該命令をした旨を通知しなければならない。

（登録の取消し等）

第42条　国土交通大臣は、住宅宿泊管理業者が次の各号のいずれかに該当するときは、その登録を取り消し、又は1年以内の期間を定めてその業務の全部若しくは一部の停止を命ずることができる。

一　第25条第1項各号（第3号を除く。）のいずれかに該当することとなったとき。

二　不正の手段により第22条第1項の登録を受けたとき。

三　その営む住宅宿泊管理業に関し法令又は前条第一項若しくはこの項の規定による命令に違反したとき。

四　都道府県知事から次項の規定による要請があったとき。

2　都道府県知事は、住宅宿泊管理業者が第36条において準用する第5条から第10条までの規定に違反したとき、又は前条第2項の規定による命令に違反したときは、国土交通大臣に対し、前項の規定による処分をすべき旨を要請することができる。

3　国土交通大臣は、第1項の規定による命令をしたときは、遅滞なく、その旨を都道府県知事に通知しなければならない。

4　国土交通大臣は、住宅宿泊管理業者が登録を受けてから1年以内に業務を開始せず、又は引き続き1年以上業務を行っていないと認めるときは、その登録を取り消すことができる。

5　第25条第2項の規定は、第1項又は前項の規定による処分をした場合について準用する。

（登録の抹消）

第43条　国土交通大臣は、第22条第2項若しくは第28条第2項の規定により登録がその効力を失ったとき、又は前条第1項若しくは第四項の規定により登録を取り消したときは、当該登録を抹消しなければならない。

2　第26条第3項の規定は、前項の規定による登録の抹消について準用する。

（監督処分等の公告）

第44条　国土交通大臣は、第42条第1項又は第4項の規定による処分をしたときは、国土交通省令で定めるところにより、その旨を公告しなければならない。

（報告徴収及び立入検査）

第45条　国土交通大臣は、住宅宿泊管理業の適正な運営を確保するため必要があると認めるときは、住宅宿泊管理業者に対し、その業務に関し報告を求め、又はその職員に、住宅宿泊管理業者の営業所、事務所その他の施設に立ち入り、その業務の状況若しくは設備、帳簿書類その他の物件を検査させ、若しくは関係者に質問させることができる。

2　都道府県知事は、住宅宿泊管理業の適正な運営を確保するため必要があると認めるときは、住宅宿泊管理業者に対し、その業務に関し報告を求め、又はその職員に、住宅宿泊管理業者の営業所、事務所その他の施設に立ち入り、その業務の状況若しくは設備、帳簿書類その他の物件を検査させ、若しくは関係者に質問させることができる。

3　第17条第2項及び第3項の規定は、前2項の規定による立入検査について準用する。

第4章　住宅宿泊仲介業

第1節　登録

（登録）

第46条　観光庁長官の登録を受けた者は、旅行業法第3条の規定にかかわらず、住宅宿泊仲介業を営むことができる。

2　前項の登録は、5年ごとにその更新を受けなければ、その期間の経過によって、その効力を失う。

3　前項の更新の申請があった場合において、同項の期間（以下この項及び次項において「登録の有効期間」という。）の満了の日までにその申請に対する処分がされないときは、従前の登録は、登録の有効期間の満了後もその処分がされるまでの間は、なおその効力を有する。

4　前項の場合において、登録の更新がされたときは、その登録の有効期間は、従前の登録の有効期間の満了の日の翌日から起算するものとする。

5　第2項の登録の更新を受けようとする者は、実費を勘案して政令で定める額の手数料を納めなければならない。

（登録の申請）

第47条　前条第1項の登録（同条第2項の登録の更新を含む。以下この章及び第72条第2号において同じ。）を受けようとする者は、次に掲げる事項を記載した申請書を観光庁長官に提出しなければならない。

一　商号、名称又は氏名及び住所

二　法人である場合においては、その役員の氏名

三　未成年者である場合においては、その法定代理人の氏名及び住所（法定代理人が法人である場合にあっては、その商号又は名称及び住所並びにその役員の氏名）

四　営業所又は事務所の名称及び所在地

2　前項の申請書には、前条第1項の登録を受けようとする者が第49条第1項各号のいずれにも該当しないことを誓約する書面その他の国土交通省令で定める書類を添付しなければならない。

（登録簿への記載等）

第48条　観光庁長官は、前条第1項の規定による登録の申請があったときは、次条第1項の規定により登録を拒否する場合を除き、次に掲げる事項を住宅宿泊仲介業者登録簿に登録しなければならない。

一　前条第1項各号に掲げる事項

二　登録年月日及び登録番号

2　観光庁長官は、前項の規定による登録をしたときは、遅滞なく、その旨を申請者に通知しなければならない。

（登録の拒否）

第49条　観光庁長官は、第46条第1項の登録を受けようとする者が次の各号のいずれかに該当するとき、又は第47条第1項の申請書若しくはその添付書類のうちに重要な事項について虚偽の記載があり、若しくは重要な事実の記載が欠けているときは、その登録を拒否しなければならない。

一　成年被後見人若しくは被保佐人又は外国の法令上これらと同様に取り扱われている

者

二　破産手続開始の決定を受けて復権を得ない者又は外国の法令上これと同様に取り扱われている者

三　第62条第１項若しくは第２項又は第63条第１項若しくは第２項の規定により登録を取り消され、その取消しの日から５年を経過しない者（当該登録を取り消された者が法人である場合にあっては、当該取消しの日前30日以内に当該法人の役員であった者で当該取消しの日から５年を経過しないものを含む。）

四　禁錮以上の刑（これに相当する外国の法令による刑を含む。）に処せられ、又はこの法律若しくは旅行業法若しくはこれらに相当する外国の法令の規定により罰金の刑（これに相当する外国の法令による刑を含む。）に処せられ、その執行を終わり、又は執行を受けることがなくなった日から起算して５年を経過しない者

五　暴力団員等

六　住宅宿泊仲介業に関し不正又は不誠実な行為をするおそれがあると認めるに足りる相当の理由がある者として国土交通省令で定めるもの

七　営業に関し成年者と同一の行為能力を有しない未成年者でその法定代理人が前各号のいずれかに該当するもの

八　法人であって、その役員のうちに第１号から第６号までのいずれかに該当する者があるもの

九　暴力団員等がその事業活動を支配する者

十　住宅宿泊仲介業を遂行するために必要と認められる国土交通省令で定める基準に適合する財産的基礎を有しない者

十一　住宅宿泊仲介業を的確に遂行するための必要な体制が整備されていない者として国土交通省令で定めるもの

2　観光庁長官は、前項の規定により登録を拒否したときは、遅滞なく、その理由を示して、その旨を申請者に通知しなければならない。

（変更の届出等）

第50条　住宅宿泊仲介業者は、第47条第１項各号に掲げる事項に変更があったときは、その日から30日以内に、その旨を観光庁長官に届け出なければならない。

2　観光庁長官は、前項の規定による届出を受理したときは、当該届出に係る事項が前条第１項第７号又は第８号に該当する場合を除き、当該事項を住宅宿泊仲介業者登録簿に登録しなければならない。

3　第47条第２項の規定は、第１項の規定による届出について準用する。

（住宅宿泊仲介業者登録簿の閲覧）

第51条　観光庁長官は、住宅宿泊仲介業者登録簿を一般の閲覧に供しなければならない。

（廃業等の届出）

第52条　住宅宿泊仲介業者が次の各号のいずれかに該当することとなったときは、当該各号に定める者は、国土交通省令で定めるところにより、その日（第１号の場合にあっては、その事実を知った日）から30日以内に、その旨を観光庁長官に届け出なければならない。

一　住宅宿泊仲介業者である個人が死亡したとき　その相続人
二　住宅宿泊仲介業者である法人が合併により消滅したとき　その法人を代表する役員
　　であった者
三　住宅宿泊仲介業者である法人が破産手続開始の決定を受けたとき又は外国の法令上
　　破産手続に相当する手続を開始したとき　その破産管財人又は外国の法令上これに相
　　当する者
四　住宅宿泊仲介業者である法人が合併及び破産手続開始の決定以外の理由により解散
　　したとき　その清算人又は外国の法令上これに相当する者
五　住宅宿泊仲介業を廃止したとき　住宅宿泊仲介業者であった個人又は住宅宿泊仲介
　　業者であった法人を代表する役員
2　住宅宿泊仲介業者が前項各号のいずれかに該当することとなったときは、第46条第1
　項の登録は、その効力を失う。

第2節　業務

（業務処理の原則）

第53条　住宅宿泊仲介業者は、信義を旨とし、誠実にその業務を行わなければならない。

（名義貸しの禁止）

第54条　住宅宿泊仲介業者は、自己の名義をもって、他人に住宅宿泊仲介業を営ませて
はならない。

（住宅宿泊仲介業約款）

第55条　住宅宿泊仲介業者は、宿泊者と締結する住宅宿泊仲介業務に関する契約（第57
　条第1号及び第59条第一項において「住宅宿泊仲介契約」という。）に関し、住宅宿泊
　仲介業約款を定め、その実施前に、観光庁長官に届け出なければならない。これを変更
　しようとするときも、同様とする。
2　観光庁長官は、前項の住宅宿泊仲介業約款が次の各号のいずれかに該当すると認める
　ときは、当該住宅宿泊仲介業者に対し、相当の期限を定めて、その住宅宿泊仲介業約款
　を変更すべきことを命ずることができる。
　一　宿泊者の正当な利益を害するおそれがあるものであるとき。
　二　住宅宿泊仲介業務に関する料金その他の宿泊者との取引に係る金銭の収受及び払戻
　　しに関する事項並びに住宅宿泊仲介業者の責任に関する事項が明確に定められていな
　　いとき。
3　観光庁長官が標準住宅宿泊仲介業約款を定めて公示した場合（これを変更して公示し
　た場合を含む。）において、住宅宿泊仲介業者が、標準住宅宿泊仲介業約款と同一の住
　宅宿泊仲介業約款を定め、又は現に定めている住宅宿泊仲介業約款を標準住宅宿泊仲介
　業約款と同一のものに変更したときは、その住宅宿泊仲介業約款については、第1項の
　規定による届出をしたものとみなす。
4　住宅宿泊仲介業者は、国土交通省令で定めるところにより、住宅宿泊仲介業約款を公
　示しなければならない。

（住宅宿泊仲介業務に関する料金の公示等）

第56条　住宅宿泊仲介業者は、その業務の開始前に、国土交通省令で定める基準に従い、

宿泊者及び住宅宿泊事業者から収受する住宅宿泊仲介業務に関する料金を定め、国土交通省令で定めるところにより、これを公示しなければならない。これを変更しようとするときも、同様とする。

2　住宅宿泊仲介業者は、前項の規定により公示した料金を超えて料金を収受してはならない。

（不当な勧誘等の禁止）

第57条　住宅宿泊仲介業者は、次に掲げる行為をしてはならない。

一　住宅宿泊仲介契約の締結の勧誘をするに際し、又はその解除を妨げるため、宿泊者に対し、当該住宅宿泊仲介契約に関する事項であって宿泊者の判断に影響を及ぼすこととなる重要なものにつき、故意に事実を告げず、又は不実のことを告げる行為

二　前号に掲げるもののほか、住宅宿泊仲介業に関する行為であって、宿泊者の保護に欠けるものとして国土交通省令で定めるもの

（違法行為のあっせん等の禁止）

第58条　住宅宿泊仲介業者又はその代理人、使用人その他の従業者は、その行う住宅宿泊仲介業務に関連して、次に掲げる行為をしてはならない。

一　宿泊者に対し、法令に違反する行為を行うことをあっせんし、又はその行為を行うことに関し便宜を供与すること。

二　宿泊者に対し、法令に違反するサービスの提供を受けることをあっせんし、又はその提供を受けることに関し便宜を供与すること。

三　前2号のあっせん又は便宜の供与を行う旨の広告をし、又はこれに類する広告をすること。

四　前3号に掲げるもののほか、宿泊者の保護に欠け、又は住宅宿泊仲介業の信用を失墜させるものとして国土交通省令で定める行為

（住宅宿泊仲介契約の締結前の書面の交付）

第59条　住宅宿泊仲介業者は、住宅宿泊仲介契約を締結しようとするときは、宿泊者に対し、当該住宅宿泊仲介契約を締結するまでに、住宅宿泊仲介契約の内容及びその履行に関する事項であって国土交通省令で定めるものについて、書面を交付して説明しなければならない。

2　第33条第2項の規定は、宿泊者に対する前項の規定による書面の交付について準用する。

（標識の掲示）

第60条　住宅宿泊仲介業者は、その営業所又は事務所ごとに、公衆の見やすい場所に、国土交通省令で定める様式の標識を掲げなければならない。

2　住宅宿泊仲介業者は、国土交通省令で定めるところにより、登録年月日、登録番号その他の国土交通省令で定める事項を電磁的方法により公示することができる。この場合においては、前項の規定は、適用しない。

第3節　監督

（業務改善命令）

第61条　観光庁長官は、住宅宿泊仲介業の適正な運営を確保するため必要があると認め

るときは、その必要の限度において、住宅宿泊仲介業者（国内に住所若しくは居所を有しない自然人又は国内に主たる事務所を有しない法人その他の団体であって、外国において住宅宿泊仲介業を営む者（以下「外国住宅宿泊仲介業者」という。）を除く。以下同じ。）に対し、業務の方法の変更その他業務の運営の改善に必要な措置をとるべきことを命ずることができる。

2　前項の規定は、外国住宅宿泊仲介業者について準用する。この場合において、同項中「命ずる」とあるのは、「請求する」と読み替えるものとする。

　（登録の取消し等）

第62条　観光庁長官は、住宅宿泊仲介業者が次の各号のいずれかに該当するときは、その登録を取り消し、又は1年以内の期間を定めてその業務の全部若しくは一部の停止を命ずることができる。

　一　第49条第1項各号（第3号を除く。）のいずれかに該当することとなったとき。

　二　不正の手段により第46条第1項の登録を受けたとき。

　三　その営む住宅宿泊仲介業に関し法令又は前条第1項若しくはこの項の規定による命令に違反したとき。

2　観光庁長官は、住宅宿泊仲介業者が登録を受けてから1年以内に業務を開始せず、又は引き続き1年以上業務を行っていないと認めるときは、その登録を取り消すことができる。

3　第49条第2項の規定は、前2項の規定による処分をした場合について準用する。

第63条　観光庁長官は、外国住宅宿泊仲介業者が次の各号のいずれかに該当するときは、その登録を取り消し、又は1年以内の期間を定めてその業務の全部若しくは一部の停止を請求することができる。

　一　前条第1項第1号又は第2号に該当するとき。

　二　その営む住宅宿泊仲介業に関し法令に違反したとき。

　三　第61条第2項において読み替えて準用する同条第1項又はこの項の規定による請求に応じなかったとき。

　四　観光庁長官が、住宅宿泊仲介業の適正な運営を確保するため必要があると認めて、外国住宅宿泊仲介業者に対し、その業務に関し報告を求め、又はその職員に、外国住宅宿泊仲介業者の営業所若しくは事務所に立ち入り、その業務の状況若しくは帳簿書類その他の物件を検査させ、若しくは関係者に質問させようとした場合において、その報告がされず、若しくは虚偽の報告がされ、又はその検査が拒まれ、妨げられ、若しくは忌避され、若しくはその質問に対して答弁がされず、若しくは虚偽の答弁がされたとき。

　五　第4項の規定による費用の負担をしないとき。

2　観光庁長官は、外国住宅宿泊仲介業者が登録を受けてから1年以内に業務を開始せず、又は引き続き1年以上業務を行っていないと認めるときは、その登録を取り消すことができる。

3　第49条第2項の規定は、前2項の規定による登録の取消し又は第1項の規定による業務の停止の請求をした場合について準用する。

4　第1項第4号の規定による検査に要する費用（政令で定めるものに限る。）は、当該検査を受ける外国住宅宿泊仲介業者の負担とする。

（登録の抹消）

第64条　観光庁長官は、第46条第2項若しくは第52条第2項の規定により登録がその効力を失ったとき、又は第62条第1項若しくは第2項若しくは前条第1項若しくは第2項の規定により登録を取り消したときは、当該登録を抹消しなければならない。

（監督処分等の公告）

第65条　観光庁長官は、次の各号のいずれかに該当するときは、国土交通省令で定めるところにより、その旨を公告しなければならない。

一　第62条第1項又は第2項の規定による処分をしたとき。

二　第63条第1項若しくは第2項の規定による登録の取消し又は同条第1項の規定による業務の停止の請求をしたとき。

（報告徴収及び立入検査）

第66条　観光庁長官は、住宅宿泊仲介業の適正な運営を確保するため必要があると認めるときは、住宅宿泊仲介業者に対し、その業務に関し報告を求め、又はその職員に、住宅宿泊仲介業者の営業所若しくは事務所に立ち入り、その業務の状況若しくは帳簿書類その他の物件を検査させ、若しくは関係者に質問させることができる。

2　第17条第2項及び第3項の規定は、前項の規定による立入検査について準用する。

第4節　旅行業法の特例

第67条　旅行業者が旅行業法第2条第1項第4号に掲げる旅行業務（同条第3項に規定する旅行業務をいう。）として第2条第8項第2号に掲げる行為を取り扱う場合における同法第12条第1項の規定の適用については、同項中「旅行者」とあるのは、「旅行者及び住宅宿泊事業法（平成29年法律第65号）第2条第4項に規定する住宅宿泊事業者」とする。

第5章　雑則

（保健所設置市等及びその長による住宅宿泊事業等関係行政事務の処理）

第68条　保健所設置市等及びその長は、当該保健所設置市等の区域内において、都道府県及び都道府県知事に代わって住宅宿泊事業等関係行政事務（第2章（第3条第7項を除く。）及び第3章の規定に基づく事務であって都道府県又は都道府県知事が処理することとされているものをいう。以下同じ。）を処理することができる。

2　保健所設置市等及びその長が前項の規定により住宅宿泊事業等関係行政事務を処理しようとするときは、当該保健所設置市等の長は、あらかじめ、これを処理することについて、都道府県知事と協議しなければならない。

3　前項の規定による協議をした保健所設置市等の長は、住宅宿泊事業等関係行政事務の処理を開始する日の30日前までに、国土交通省令・厚生労働省令で定めるところにより、その旨を公示しなければならない。

4　保健所設置市等及びその長が第1項の規定により住宅宿泊事業等関係行政事務を処理する場合における住宅宿泊事業等関係行政事務の引継ぎその他の必要な事項は、国土交通省令・厚生労働省令で定める。

（権限の委任）

第69条　この法律に規定する国土交通大臣の権限は、国土交通省令で定めるところにより、その一部を地方支分部局の長に委任することができる。

（省令への委任）

第70条　この法律に定めるもののほか、この法律の実施のため必要な事項は、国土交通省令・厚生労働省令、国土交通省令又は厚生労働省令で定める。

（経過措置）

第71条　この法律に基づき命令を制定し、又は改廃する場合においては、その命令で、その制定又は改廃に伴い合理的に必要と判断される範囲内において、所要の経過措置（罰則に関する経過措置を含む。）を定めることができる。

　　　　第6章　罰則

第72条　次の各号のいずれかに該当する者は、1年以下の懲役若しくは100万円以下の罰金に処し、又はこれを併科する。

一　第22条第一項の規定に違反して、住宅宿泊管理業を営んだ者

二　不正の手段により第22条第1項又は第46条第1項の登録を受けた者

三　第30条又は第54条の規定に違反して、他人に住宅宿泊管理業又は住宅宿泊仲介業を営ませた者

第73条　次の各号のいずれかに該当する者は、6月以下の懲役若しくは100万円以下の罰金に処し、又はこれを併科する。

一　第3条第1項の届出をする場合において虚偽の届出をした者

二　第16条第1項又は第2項の規定による命令に違反した者

第74条　第42条第1項又は第62条第1項の規定による命令に違反した者は、6月以下の懲役若しくは50万円以下の罰金に処し、又はこれを併科する。

第75条　第11条第1項又は第12条の規定に違反した者は、50万円以下の罰金に処する。

第76条　次の各号のいずれかに該当する者は、30万円以下の罰金に処する。

一　第3条第4項、第26条第1項、第50条第1項又は第55条第1項の規定による届出をせず、又は虚偽の届出をした者

二　第8条第1項（第36条において準用する場合を含む。）、第13条、第37条第1項若しくは第2項、第39条又は第60条第1項の規定に違反した者

三　第14条の規定による報告をせず、又は虚偽の報告をした者

四　第15条、第41条第1項若しくは第2項、第55条第2項又は第61条第1項の規定による命令に違反した者

五　第17条第1項、第45条第1項若しくは第2項若しくは第66条第1項の規定による報告をせず、若しくは虚偽の報告をし、又はこれらの規定による検査を拒み、妨げ、若しくは忌避し、若しくはこれらの規定による質問に対して答弁せず、若しくは虚偽の答弁をした者

六　第31条の規定に違反して、著しく事実に相違する表示をし、又は実際のものよりも著しく優良であり、若しくは有利であると人を誤認させるような表示をした者

七　第32条（第1号に係る部分に限る。）又は第57条（第1号に係る部分に限る。）の規

　　定に違反して、故意に事実を告げず、又は不実のことを告げた者

　八　第38条の規定に違反して、帳簿を備え付けず、帳簿に記載せず、若しくは帳簿に虚偽の記載をし、又は帳簿を保存しなかった者

　九　第55条第 4 項の規定に違反して、住宅宿泊仲介業約款を公示しなかった者

　十　第56条第 1 項の規定に違反して、料金を公示しなかった者

　十一　第56条第 2 項の規定に違反して、同条第 1 項の規定により公示した料金を超えて料金を収受した者

第77条　第 8 条第 2 項（第36条において準用する場合を含む。）の規定に違反して、第 8 条第 1 項の国土交通省令・厚生労働省令で定める事項を偽って告げた者は、これを拘留又は科料に処する。

第78条　法人の代表者又は法人若しくは人の代理人、使用人その他の従業者が、その法人又は人の業務に関し、第72条から第76条までの違反行為をしたときは、行為者を罰するほか、その法人又は人に対して各本条の罰金刑を科する。

第79条　第 3 条第 6 項、第28条第 1 項又は第52条第 1 項の規定による届出をせず、又は虚偽の届出をした者は、20万円以下の過料に処する。

　　　附　則　抄

（施行期日）

第 1 条　この法律は、公布の日から起算して 1 年を超えない範囲内において政令で定める日から施行する。ただし、次条及び附則第 3 条の規定は、公布の日から起算して 9 月を超えない範囲内において政令で定める日から施行する。

　　　　（平成29年政令第272号で、本文に係る部分は、平成30年 6 月15日から、ただし書に係る部分中、附則第 2 条第 3 項及び第 4 項並びに第 3 条の規定は、この政令の公布の日〔平成29年10月27日〕から、附則第 2 条第 1 項及び第 2 項の規定は、平成30年 3 月15日から施行）

（準備行為）

第 2 条　住宅宿泊事業を営もうとする者は、この法律の施行の日（以下「施行日」という。）前においても、第 3 条第 2 項及び第 3 項の規定の例により、都道府県知事（第 3 項前段及び第 4 項の規定により保健所設置市等の長が第 3 項前段の公示をし、その日から起算して30日を経過した場合における当該保健所設置市等の区域にあっては、その長）に届出をすることができる。この場合において、その届出をした者は、施行日において同条第 1 項の届出をしたものとみなす。

2　第22条第 1 項又は第46条第 1 項の登録を受けようとする者は、施行日前においても、第23条又は第47条の規定の例により、その申請を行うことができる。

3　保健所設置市等及びその長が第68条第 1 項の規定により住宅宿泊事業等関係行政事務を処理しようとするときは、当該保健所設置市等の長は、施行日前においても、同条第 2 項及び第 3 項の規定の例により、都道府県知事との協議及び住宅宿泊事業等関係行政事務の処理を開始する旨の公示をすることができる。この場合において、その協議は施行日において同条第 2 項の規定によりした協議と、その公示は施行日において同条第 3 項の規定によりした公示とみなす。

4　前項前段の公示は、施行日の30日前までにするものとする。
　　（政令への委任）
第3条　前条に定めるもののほか、この法律の施行に関し必要な経過措置は、政令で定める。
　　（検討）
第4条　政府は、この法律の施行後3年を経過した場合において、この法律の施行の状況について検討を加え、必要があると認めるときは、その結果に基づいて必要な措置を講ずるものとする。

○住宅宿泊事業法施行令

〔平成29年10月27日
政令第273号〕

　住宅宿泊事業法施行令をここに公布する。
　　　住宅宿泊事業法施行令
　内閣は、住宅宿泊事業法（平成29年法律第65号）第18条、第22条第5項、第33条第2項（同法第34条第2項及び第59条第2項において準用する場合を含む。）、第46条第5項及び第63条第4項の規定に基づき、この政令を制定する。
　　（住宅宿泊事業の実施の制限に関する条例の基準）
第1条　住宅宿泊事業法（以下「法」という。）第18条の政令で定める基準は、次のとおりとする。
　一　法第18条の規定による制限は、区域ごとに、住宅宿泊事業を実施してはならない期間を指定して行うこと。
　二　住宅宿泊事業を実施する期間を制限する区域の指定は、土地利用の状況その他の事情を勘案して、住宅宿泊事業に起因する騒音の発生その他の事象による生活環境の悪化を防止することが特に必要である地域内の区域について行うこと。
　三　住宅宿泊事業を実施してはならない期間の指定は、宿泊に対する需要の状況その他の事情を勘案して、住宅宿泊事業に起因する騒音の発生その他の事象による生活環境の悪化を防止することが特に必要である期間内において行うこと。
　　（住宅宿泊管理業者等の登録の更新の手数料）
第2条　法第22条第5項の政令で定める額は、19,700円（行政手続等における情報通信の技術の利用に関する法律（平成14年法律第151号）第3条第1項の規定により同項に規定する電子情報処理組織を使用して法第22条第2項の登録の更新の申請をする場合にあっては、19,100円）とする。
2　法第46条第5項の政令で定める額は、26,500円（行政手続等における情報通信の技術の利用に関する法律第3条第1項の規定により同項に規定する電子情報処理組織を使用して法第46条第2項の登録の更新の申請をする場合にあっては、25,700円）とする。
　　（管理受託契約に係る書面等に記載すべき事項の電磁的方法による提供の承諾等）

第3条　法第33条第2項（法第34条第2項及び第59条第2項において準用する場合を含む。）に規定する事項を電磁的方法により提供しようとする者（次項において「提供者」という。）は、国土交通省令で定めるところにより、あらかじめ、当該事項の提供の相手方に対し、その用いる電磁的方法の種類及び内容を示し、書面又は電磁的方法による承諾を得なければならない。

2　前項の承諾を得た提供者は、同項の相手方から書面又は電磁的方法により電磁的方法による事項の提供を受けない旨の申出があったときは、当該相手方に対し、当該事項の提供を電磁的方法によってしてはならない。ただし、当該相手方が再び同項の承諾をした場合は、この限りでない。

（外国住宅宿泊仲介業者の営業所等における検査に要する費用の負担）

第4条　法第63条第四項の政令で定める費用は、同条第1項第4号の規定による検査のため同号の職員がその検査に係る営業所又は事務所（外国にある営業所又は事務所に限る。）の所在地に出張をするのに要する旅費の額に相当するものとする。この場合において、その旅費の額の計算に関し必要な細目は、国土交通省令で定める。

　　　　附　則　抄

（施行期日）

1　この政令は、法の施行の日（平成30年6月15日）から施行する。

○住宅宿泊事業法施行規則

平成29年10月27日
厚生労働省
国土交通省令第2号

住宅宿泊事業法（平成29年法律第65号）の規定に基づき、住宅宿泊事業法施行規則を次のように定める。

　　　　住宅宿泊事業法施行規則

（法第2条第1項第1号の国土交通省令・厚生労働省令で定める設備）

第1条　住宅宿泊事業法（以下「法」という。）第2条第1項第1号の国土交通省令・厚生労働省令で定める設備は、次に掲げるものとする。

一　台所
二　浴室
三　便所
四　洗面設備

（法第2条第1項第2号の国土交通省令・厚生労働省令で定める家屋）

第2条　法第2条第1項第2号の人の居住の用に供されていると認められる家屋として国土交通省令・厚生労働省令で定めるものは、次の各号のいずれかに該当するものであって、事業（人を宿泊させるもの又は人を入居させるものを除く。）の用に供されていないものとする。

一　現に人の生活の本拠として使用されている家屋

二　入居者の募集が行われている家屋

三　随時その所有者、賃借人又は転借人の居住の用に供されている家屋

（人を宿泊させる日数の算定）

第3条　法第2条第3項の国土交通省令・厚生労働省令で定めるところにより算定した日数は、毎年4月1日正午から翌年4月1日正午までの期間において人を宿泊させた日数とする。この場合において、正午から翌日の正午までの期間を1日とする。

（届出）

第4条　法第3条第1項の届出は、住宅宿泊事業を開始しようとする日の前日までに、第1号様式による届出書を提出して行うものとする。

2　法第3条第2項第6号の国土交通省令・厚生労働省令で定める事項は、次に掲げるものとする。

一　住宅宿泊管理業者の商号、名称又は氏名

二　住宅宿泊管理業者の登録年月日及び登録番号

三　法第32条第1号に規定する管理受託契約の内容

3　法第3条第2項第7号の国土交通省令・厚生労働省令で定める事項は、次に掲げるものとする。

一　届出をしようとする者（以下この条において「届出者」という。）の生年月日及び性別（届出者が法人である場合にあっては、その役員の生年月日及び性別）

二　届出者が未成年である場合においては、その法定代理人の生年月日及び性別（法定代理人が法人である場合にあっては、その役員の生年月日及び性別）

三　届出者が法人である場合においては、法人番号（行政手続における特定の個人を識別するための番号の利用等に関する法律（平成25年法律第27号）第2条第15項に規定する法人番号をいう。）

四　届出者が住宅宿泊管理業者である場合においては、その登録年月日及び登録番号

五　届出者の連絡先

六　住宅の不動産番号（不動産登記規則（平成17年法務省令第18号）第1条第8号に規定する不動産番号をいう。）

七　第2条各号に掲げる家屋の別

八　一戸建ての住宅、長屋、共同住宅又は寄宿舎の別

九　住宅の規模

十　住宅に人を宿泊させる間、届出者が不在（法第11条第1項第2号の国土交通省令・厚生労働省令で定める不在を除く。）とならない場合においては、その旨

十一　届出者が賃借人である場合においては、賃貸人が住宅宿泊事業の用に供することを目的とした賃借物の転貸を承諾している旨

十二　届出者が転借人である場合においては、賃貸人及び転貸人が住宅宿泊事業の用に供することを目的とした転借物の転貸を承諾している旨

十三　住宅がある建物が二以上の区分所有者（建物の区分所有等に関する法律（昭和37年法律第69号）第2条第2項に規定する区分所有者をいう。次項において同じ。）が

存する建物で人の居住の用に供する専有部分（同法第２条第３項に規定する専有部分をいう。次項において同じ。）のあるものである場合においては、規約に住宅宿泊事業を営むことを禁止する旨の定めがない旨（当該規約に住宅宿泊事業を営むことについての定めがない場合は、管理組合（マンションの管理の適正化の推進に関する法律（平成12年法律第149号）第２条第３号に規定する管理組合をいう。次項において同じ。）に届出住宅において住宅宿泊事業を営むことを禁止する意思がない旨を含む。）

4　法第３条第３項の国土交通省令・厚生労働省令で定める書類は、次に掲げるものとする。ただし、第１号ハ及び第２号イの書類のうち成年被後見人に該当しない旨の後見等登記事項証明書（後見登記等に関する法律（平成11年法律第152号）第10条第１項に規定する登記事項証明書をいう。以下この条において同じ。）については、その旨を証明した市町村（特別区を含む。以下この条及び第14条において同じ。）の長の証明書をもって代えることができる。

一　届出者が法人である場合においては、次に掲げる書類

イ　定款又は寄付行為

ロ　登記事項証明書

ハ　役員が、成年被後見人及び被保佐人に該当しない旨の後見等登記事項証明書

ニ　役員が、民法の一部を改正する法律（平成11年法律第149号）附則第３条第１項及び第２項の規定により成年被後見人及び被保佐人とみなされる者並びに破産手続開始の決定を受けて復権を得ない者に該当しない旨の市町村の長の証明書

ホ　住宅の登記事項証明書

ヘ　住宅が第２条第２号に掲げる家屋に該当する場合においては、入居者の募集の広告その他の当該住宅において入居者の募集が行われていることを証する書類

ト　住宅が第２条第３号に掲げる家屋に該当する場合においては、当該住宅が随時その所有者、賃借人又は転借人の居住の用に供されていることを証する書類

チ　次に掲げる事項を明示した住宅の図面

(1)　台所、浴室、便所及び洗面設備の位置

(2)　住宅の間取り及び出入口

(3)　各階の別

(4)　居室（法第５条に規定する居室をいう。第９条第４項第２号において同じ。）、宿泊室（宿泊者の就寝の用に供する室をいう。以下この号において同じ。）及び宿泊者の使用に供する部分（宿泊室を除く。）のそれぞれの床面積

リ　届出者が賃借人である場合においては、賃貸人が住宅宿泊事業の用に供することを目的とした賃借物の転貸を承諾したことを証する書面

ヌ　届出者が転借人である場合においては、賃貸人及び転貸人が住宅宿泊事業の用に供することを目的とした転借物の転貸を承諾したことを証する書面

ル　住宅がある建物が二以上の区分所有者が存する建物で人の居住の用に供する専有部分のあるものである場合においては、専有部分の用途に関する規約の写し

ヲ　ルの場合において、規約に住宅宿泊事業を営むことについての定めがない場合は、管理組合に届出住宅において住宅宿泊事業を営むことを禁止する意思がないことを

確認したことを証する書類
ワ　届出者が住宅に係る住宅宿泊管理業務を住宅宿泊管理業者に委託する場合においては、法第34条の規定により交付された書面の写し
カ　法第4条第2号から第4号まで、第7号及び第8号のいずれにも該当しないことを誓約する書面
二　届出者（営業に関し成年者と同一の行為能力を有しない未成年者である場合にあっては、その法定代理人（法定代理人が法人である場合にあっては、その役員）を含む。以下この号及び次項において同じ。）が個人である場合においては、次に掲げる書類
イ　届出者が、成年被後見人及び被保佐人に該当しない旨の後見等登記事項証明書
ロ　届出者が、民法の一部を改正する法律附則第3条第1項及び第2項の規定により成年被後見人及び被保佐人とみなされる者並びに破産手続開始の決定を受けて復権を得ない者に該当しない旨の市町村の長の証明書
ハ　営業に関し成年者と同一の行為能力を有しない未成年者であって、その法定代理人が法人である場合においては、その法定代理人の登記事項証明書
ニ　法第4条第1号から第六号まで及び第8号のいずれにも該当しないことを誓約する書面
ホ　前号ホからワまでに掲げる書類

5　都道府県知事（保健所設置市等であって、その長が法第68条第1項の規定により同項に規定する住宅宿泊事業等関係行政事務を処理するものの区域にあっては、当該保健所設置市等の長。第16条を除き、以下同じ。）は、届出者（個人である場合に限る。）に係る本人確認情報（住民基本台帳法（昭和42年法律第81号）第30条の6第1項に規定する本人確認情報をいう。）のうち住民票コード以外のものについて、同法第30条の10第1項（同項第1号に係る部分に限る。）、第30条の11第1項（同項第1号に係る部分に限る。）及び第30条の12第1項（同項第1号に係る部分に限る。）の規定によるその提供を受けることができないとき、又は同法第30条の15第1項（同項第1号に係る部分に限る。）の規定によるその利用ができないときは、その者に対し、住民票の抄本又はこれに代わる書面を提出させることができる。

6　都道府県知事は、特に必要がないと認めるときは、この規則の規定により届出書に添付しなければならない書類の一部を省略させることができる。

7　都道府県知事は、第1項の届出があったときは、届出者に、届出番号を通知しなければならない。

（変更の届出）
第5条　法第3条第4項の規定による届出は、第2号様式による届出事項変更届出書を提出して行うものとする。

2　法第3条第5項において準用する同条第3項の国土交通省令・厚生労働省令で定める書類は、第4条第4項各号に掲げる書類のうち、当該変更事項に係るものとする。

（廃業等の届出）
第6条　法第3条第6項の規定による届出は、第3号様式による廃業等届出書を提出して行うものとする。

（宿泊者名簿）

第７条　法第８条第一項の宿泊者名簿は、当該宿泊者名簿の正確な記載を確保するための措置を講じた上で作成し、その作成の日から３年間保存するものとする。

2　法第８条第１項の国土交通省令・厚生労働省令で定める場所は、次の各号のいずれかに掲げる場所とする。

一　届出住宅

二　住宅宿泊事業者の営業所又は事務所

3　法第８条第１項の国土交通省令・厚生労働省令で定める事項は、宿泊者の氏名、住所、職業及び宿泊日のほか、宿泊者が日本国内に住所を有しない外国人であるときは、その国籍及び旅券番号とする。

4　前項に掲げる事項が、電子計算機に備えられたファイル又は磁気ディスク等（磁気ディスク、シー・ディー・ロムその他これらに準ずる方法により一定の事項を確実に記録しておくことができる物をいう。）に記録され、必要に応じ電子計算機その他の機器を用いて明確に紙面に表示されるときは、当該記録をもって法第８条第１項の規定による宿泊者名簿への記載に代えることができる。

（周辺地域の生活環境への悪影響の防止に関し必要な事項の説明）

第８条　法第９条第１項の規定による説明は、書面の備付けその他の適切な方法により行なわなければならない。

2　法第９条第１項の届出住宅の周辺地域の生活環境への悪影響の防止に関し必要な事項であって国土交通省令・厚生労働省令で定めるものは、次に掲げるものとする。

一　騒音の防止のために配慮すべき事項

二　ごみの処理に関し配慮すべき事項

三　火災の防止のために配慮すべき事項

四　前３号に掲げるもののほか、届出住宅の周辺地域の生活環境への悪影響の防止に関し必要な事項

（住宅宿泊管理業務の委託の方法）

第９条　法第11条第１項の規定による委託は、次に定めるところにより行わなければならない。

一　届出住宅に係る住宅宿泊管理業務の全部を契約により委託すること。

二　委託しようとする住宅宿泊管理業者に対し、あらかじめ、法第３条第２項の届出書及び同条第３項の書類の内容を通知すること。

2　法第11条第１項第１号の国土交通省令・厚生労働省令で定める居室の数は、五とする。

3　法第11条第１項第２号の国土交通省令・厚生労働省令で定めるものは、日常生活を営む上で通常行われる行為に要する時間の範囲内の不在とする。

4　法第11条第１項第２号の国土交通省令・厚生労働省令で定めるときは、次の各号のいずれにも該当するときとする。

一　住宅宿泊事業者が自己の生活の本拠として使用する住宅と届出住宅が、同一の建築物内若しくは敷地内にあるとき又は隣接しているとき（住宅宿泊事業者が当該届出住宅から発生する騒音その他の事象による生活環境の悪化を認識することができないこ

とが明らかであるときを除く。)。

二　届出住宅の居室であって、それに係る住宅宿泊管理業務を住宅宿泊事業者が自ら行うものの数の合計が五以下であるとき。

（宿泊サービス提供契約の締結の代理等の委託の方法）

第10条　住宅宿泊事業者は、法第12条の規定による委託をしようとするときは、当該委託をしようとする住宅宿泊仲介業者又は旅行業者に対し、届出番号を通知しなければならない。

（標識の様式）

第11条　法第13条の国土交通省令・厚生労働省令で定める様式は、次の各号に掲げる者の区分に応じ、当該各号に定めるものとする。

一　届出住宅に係る住宅宿泊管理業務を自ら行う者（次号及び第3号に掲げる者を除く。）　第4号様式

二　法第11条第1項第2号の国土交通省令・厚生労働省令で定めるときに届出住宅に係る住宅宿泊管理業務を自ら行う者（住宅宿泊管理業者であるものを除く。）　第5号様式

三　届出住宅に人を宿泊させる間不在となるときに届出住宅に係る住宅宿泊管理業務を自ら行う者（住宅宿泊管理業者であるものに限る。）　第6号様式

四　届出住宅に係る住宅宿泊管理業務を住宅宿泊管理業者へ委託する者　第6号様式

（住宅宿泊事業者の報告）

第12条　法第14条の国土交通省令・厚生労働省令で定める事項は、次に掲げるものとする。

一　届出住宅に人を宿泊させた日数

二　宿泊者数

三　延べ宿泊者数

四　国籍別の宿泊者数の内訳

2　住宅宿泊事業者は、届出住宅ごとに、毎年2月、4月、6月、8月、10月及び12月の15日までに、それぞれの月の前2月における前項各号に掲げる事項を、都道府県知事に報告しなければならない。

（身分証明書の様式）

第13条　法第17条第2項の身分を示す証明書は、第7号様式によるものとする。

（条例の制定の際の市町村の意見聴取）

第14条　都道府県は、法第18条の規定に基づく条例を定めようとするときは、あらかじめ、当該条例の案を当該都道府県の区域内の市町村に送付しなければならない。

2　前項の規定による送付を受けた市町村は、都道府県に意見を述べようとするときは、都道府県が指定する期日までに意見を提出するものとする。

（住宅宿泊事業等関係行政事務の処理の開始の公示）

第15条　法第68条第3項の規定による公示は、次に掲げる事項について行うものとする。

一　住宅宿泊事業等関係行政事務の処理を開始する旨

二　住宅宿泊事業等関係行政事務の処理を開始する日

（住宅宿泊事業等関係行政事務の引継ぎ）

第16条　都道府県知事は、法第68条第4項に規定する場合においては、次に掲げる事務を行わなければならない。

一　引き継ぐべき住宅宿泊事業等関係行政事務を保健所設置市等の長に引き継ぐこと。

二　引き継ぐべき住宅宿泊事業等関係行政事務に関する帳簿及び書類を保健所設置市等の長に引き渡すこと。

三　その他保健所設置市等の長が必要と認める事項を行うこと。

　　附　則

この省令は、法の施行の日（平成30年6月15日）から施行する。

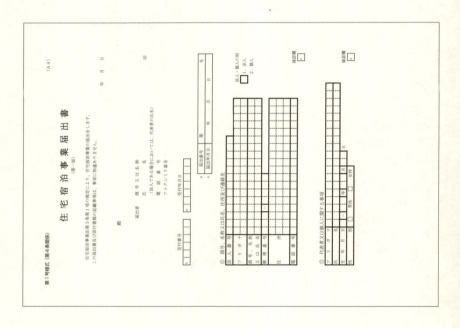

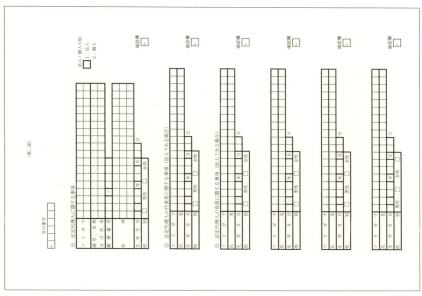

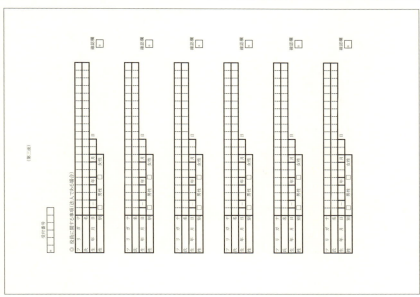

149

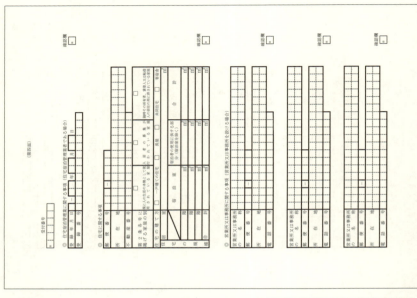

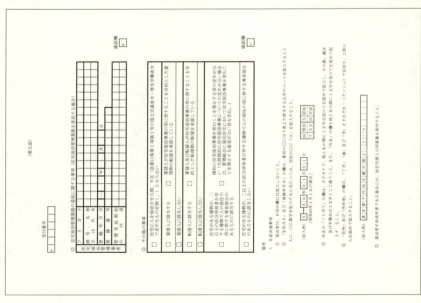

第4号様式（第11条関係）

2　第一面関係
　(1)　法人番号は、届出者が法人である場合にのみ記入すること。
　(2)　申請法人番号は、国税庁から指定・通知された13桁の番号、（商業登記簿の会社法人等番号の左側に1桁を付加したもの）。
　商号、名称又は氏名のフリガナは、カタカナで上段から左詰めで記入し、その際、濁点及び半濁点は1文字として扱うこと。また、「(株)」、「(有)」、名称又は氏名の左詰めで記入すること。

3　第二面関係

4　第三面関係

5　第四面関係
　(電話番号）の欄は、ハイフン（－）で区切って記入すること。
　　（記入例）0-3-5-2-5-3-1-9-1-1-1

6　第五面関係

第2号～第3号様式（裏）

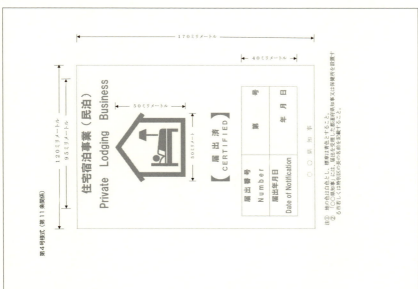

170ミリメートル
120ミリメートル
95ミリメートル
40ミリメートル
50ミリメートル
50ミリメートル

住宅宿泊事業（民泊）
Private Lodging Business

【届出済】
CERTIFIED

| 届出番号 Number | 第　　　　号 |
| 届出年月日 Date of Notification | 　年　月　日 |

○○県知事

注① 地の色は白色とし、標章は背景色とすること。
　② 「○○県知事」には、届出を受理した都道府県知事又は保健所を設置する市若しくは特別区の長の名称を記載すること。

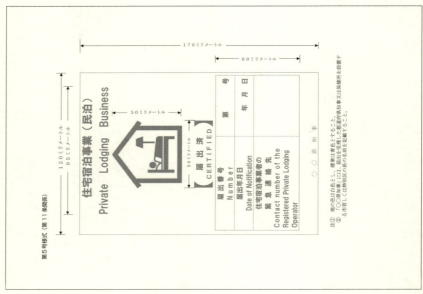

第５号様式（第１１条関係）

住宅宿泊事業（民泊）
Private Lodging Business

【届出済】CERTIFIED

届出番号 Number	第 号
届出年月日 Date of Notification	年 月 日
住宅宿泊事業者の緊急連絡先 Contact number of the Registered Private Lodging Operator	

○○県知事

注① 地の色は白色とし、標章は青色とすること。
② 「○○県知事」には、届出を受理した都道府県知事又は保健所を設置する市若しくは特別区の長の名称を記載すること。

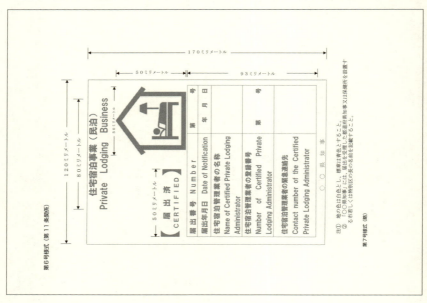

第６号様式（第１１条関係）

住宅宿泊事業（民泊）
Private Lodging Business

【届出済】CERTIFIED

届出番号 Number	第 号
届出年月日 Date of Notification	年 月 日
住宅宿泊管理業者の名称 Name of Certified Private Lodging Administrator	
住宅宿泊管理業者の登録番号 Number of Certified Private Lodging Administrator	第 号
住宅宿泊管理業者の緊急連絡先 Contact number of the Certified Private Lodging Administrator	

○○県知事

注① 地の色は白色とし、標章は青色とすること。
② 「○○県知事」には、届出を受理した都道府県知事又は保健所を設置する市若しくは特別区の長の名称を記載すること。

第７号様式（表）

○国土交通省関係住宅宿泊事業法施行規則

平成29年10月27日
国土交通省令第65号

　住宅宿泊事業法（平成29年法律第65号）及び住宅宿泊事業法施行令（平成29年政令第273号）の規定に基づき、国土交通省関係住宅宿泊事業法施行規則を次のように定める。
　　　国土交通省関係住宅宿泊事業法施行規則
　　　第1章　住宅宿泊事業
（宿泊者の安全の確保を図るために必要な措置）
第1条　住宅宿泊事業法（以下「法」という。）第6条の国土交通省令で定める措置は、次に掲げるものとする。
　一　国土交通大臣が定めるところにより、届出住宅に、非常用照明器具を設けること。
　二　届出住宅に、避難経路を表示すること。
　三　前2号に掲げるもののほか、火災その他の災害が発生した場合における宿泊者の安全の確保を図るために必要な措置として国土交通大臣が定めるもの
（外国人観光旅客である宿泊者の快適性及び利便性の確保を図るために必要な措置）
第2条　法第7条の国土交通省令で定める措置は、次に掲げるものとする。
　一　外国語を用いて、届出住宅の設備の使用方法に関する案内をすること。
　二　外国語を用いて、移動のための交通手段に関する情報を提供すること。
　三　外国語を用いて、火災、地震その他の災害が発生した場合における通報連絡先に関する案内をすること。
　四　前3号に掲げるもののほか、外国人観光旅客である宿泊者の快適性及び利便性の確保を図るために必要な措置
　　　第2章　住宅宿泊管理業
（登録の更新の申請期間）
第3条　法第22条第2項の登録の更新を受けようとする者は、その者が現に受けている登録の有効期間の満了の日の90日前から30日前までの間に法第23条第1項の申請書（以下この章において「登録申請書」という。）を国土交通大臣に提出しなければならない。
（手数料）
第4条　法第22条第5項の手数料は、登録申請書に収入印紙を貼って納めなければならない。ただし、行政手続等における情報通信の技術の利用に関する法律（平成14年法律第151号）第3条第1項の規定により同項に規定する電子情報処理組織（第26条において単に「電子情報処理組織」という。）を使用して法第22条第2項の登録の更新の申請をする場合において、当該申請を行ったことにより得られた納付情報により納めるときは、現金をもってすることができる。
（登録申請書の様式）
第5条　登録申請書は、第1号様式によるものとする。
（登録申請書の添付書類）
第6条　法第23条第2項の国土交通省令で定める書類は、次に掲げるものとする。ただし、

第 1 号ニ及び第 2 号ロの書類のうち成年被後見人に該当しない旨の後見等登記事項証明書（後見登記等に関する法律（平成11年法律第152号）第10条第 1 項に規定する登記事項証明書をいう。以下この条及び第28条において同じ。）については、その旨を証明した市町村（特別区を含む。以下この条及び第28条において同じ。）の長の証明書をもって代えることができる。

一　法第22条第 1 項の登録（同条第 2 項の登録の更新を含む。）を受けようとする者（以下この条において「登録申請者」という。）が法人である場合においては、次に掲げる書類
　イ　定款又は寄付行為
　ロ　登記事項証明書
　ハ　法人税の直前 1 年の各年度における納付すべき額及び納付済額を証する書面
　ニ　役員が、成年被後見人及び被保佐人に該当しない旨の後見等登記事項証明書
　ホ　役員が、民法の一部を改正する法律（平成11年法律第149号）附則第 3 条第 1 項及び第 2 項の規定により成年被後見人及び被保佐人とみなされる者並びに破産手続開始の決定を受けて復権を得ない者に該当しない旨の市町村の長の証明書
　ヘ　第 2 号様式による役員並びに相談役及び顧問の略歴を記載した書面
　ト　第 3 号様式による相談役及び顧問の氏名及び住所並びに発行済株式総数の100分の 5 以上の株式を有する株主又は出資の額の100分の 5 以上の額に相当する出資をしている者の氏名又は名称、住所及びその有する株式の数又はその者のなした出資の金額を記載した書面
　チ　最近の事業年度における貸借対照表及び損益計算書
　リ　住宅宿泊管理業を的確に遂行するための必要な体制が整備されていることを証する書類
　ヌ　第 4 号様式による法第25条第 1 項第 2 号から第 4 号まで、第 6 号及び第 8 号から第11号までのいずれにも該当しないことを誓約する書面
二　登録申請者（営業に関し成年者と同一の行為能力を有しない未成年者である場合にあっては、その法定代理人（法定代理人が法人である場合にあっては、その役員）を含む。以下この号及び次項において同じ。）が個人である場合においては、次に掲げる書類
　イ　所得税の直前 1 年の各年度における納付すべき額及び納付済額を証する書面
　ロ　登録申請者が、成年被後見人及び被保佐人に該当しない旨の後見等登記事項証明書
　ハ　登録申請者が、民法の一部を改正する法律附則第 3 条第 1 項及び第 2 項の規定により成年被後見人及び被保佐人とみなされる者並びに破産手続開始の決定を受けて復権を得ない者に該当しない旨の市町村の長の証明書
　ニ　第 2 号様式による登録申請者の略歴を記載した書面
　ホ　営業に関し成年者と同一の行為能力を有しない未成年者であって、その法定代理人が法人である場合においては、その法定代理人の登記事項証明書
　ヘ　第 5 号様式による財産に関する調書

ト　第6号様式による法第25条第1項第1号から第7号まで及び第9号から第11号ま
　　　でのいずれにも該当しないことを誓約する書面
　　チ　前号リに掲げる書類
2　国土交通大臣は、登録申請者（個人である場合に限る。）に係る機構保存本人確認情
　報（住民基本台帳法（昭和42年法律第81号）第30条の9に規定する機構保存本人確認情
　報をいう。第28条第2項において同じ。）のうち住民票コード以外のものについて、同
　法第30条の9の規定によるその提供を受けることができないときは、その者に対し、住
　民票の抄本又はこれに代わる書面を提出させることができる。
3　国土交通大臣は、特に必要がないと認めるときは、この規則の規定により申請書に添
　付しなければならない書類の一部を省略させることができる。
　（不正な行為等をするおそれがあると認められる者）
第7条　法第25条第1項第6号の国土交通省令で定める者は、次の各号のいずれかに該当
　する者とする。
　一　法第42条第1項各号のいずれかに該当するとして登録の取消しの処分に係る行政手
　　続法（平成5年法律第88号）第15条の規定による通知があった日から当該処分をする
　　日又は処分をしないことの決定をする日までの間に法第28条第1項第4号又は第5号
　　の規定による届出をした者（解散又は住宅宿泊管理業の廃止について相当の理由のあ
　　る者を除く。）で当該届出の日から5年を経過しないもの
　二　前号の期間内に法第28条第1項第2号、第4号又は第5号の規定による届出をした
　　法人（合併、解散又は住宅宿泊管理業の廃止について相当の理由がある法人を除く。）
　　の役員であった者であって前号に規定する通知があった日前30日に当たる日から当該
　　法人の合併、解散又は廃止の日までの間にその地位にあったもので当該届出の日から
　　5年を経過しないもの
　三　法第4条第3号又は第4号に該当する者
　（住宅宿泊管理業を遂行するために必要と認められる財産的基礎）
第8条　法第25条第1項第10号の国土交通省令で定める基準は、次に掲げるとおりとする。
　一　負債の合計額が資産の合計額を超えないこと。
　二　支払不能に陥っていないこと。
　（住宅宿泊管理業を的確に遂行するための必要な体制が整備されていない者）
第9条　法第25条第1項第11号の国土交通省令で定める者は、次の各号のいずれかに該当
　する者とする。
　一　管理受託契約の締結に係る業務の執行が法令に適合することを確保するための必要
　　な体制が整備されていると認められない者
　二　住宅宿泊管理業務を適切に実施するための必要な体制が整備されていると認められ
　　ない者
　（登録事項の変更の届出）
第10条　住宅宿泊管理業者は、法第26条第1項の規定による届出をしようとするときは、
　国土交通大臣に、第7号様式による登録事項変更届出書を提出しなければならない。
2　変更に係る事項が法人の役員の氏名であるときは、前項の登録事項変更届出書に当該

役員に関する第6条第1項第1号ニからへまでに掲げる書類及び当該役員が法第25条第1項第8号に該当しないことを誓約する書面を添付しなければならない。

（廃業等の届出）

第11条　住宅宿泊管理業者は、法第28条第1項の規定による届出をしようとするときは、国土交通大臣に、第8号様式による廃業等届出書を提出しなければならない。

（誇大広告をしてはならない事項）

第12条　法第31条の国土交通省令で定める事項は、次に掲げる事項とする。

一　住宅宿泊管理業者の責任に関する事項

二　報酬の額に関する事項

三　管理受託契約の解除に関する事項

（委託者の保護に欠ける禁止行為）

第13条　法第32条第2号の国土交通省令で定める行為は、次に掲げるものとする。

一　管理受託契約の締結又は更新について委託者に迷惑を覚えさせるような時間に電話又は訪問により勧誘する行為

二　管理受託契約の締結又は更新をしない旨の意思（当該契約の締結又は更新の勧誘を受けることを希望しない旨の意思を含む。）を表示した委託者に対して執ように勧誘する行為

三　住宅宿泊管理業務の対象となる届出住宅の所在地その他の事情を勘案して、当該住宅宿泊管理業務の適切な実施を確保できないことが明らかであるにもかかわらず、当該住宅宿泊管理業務に係る管理受託契約を締結する行為

（管理受託契約の締結前の説明事項）

第14条　法第33条第1項の国土交通省令で定める事項は、次に掲げるものとする。

一　管理受託契約を締結する住宅宿泊管理業者の商号、名称又は氏名並びに登録年月日及び登録番号

二　住宅宿泊管理業務の対象となる届出住宅

三　住宅宿泊管理業務の内容及び実施方法

四　報酬並びにその支払の時期及び方法

五　前号に掲げる報酬に含まれていない住宅宿泊管理業務に関する費用であって、住宅宿泊事業者が通常必要とするもの

六　住宅宿泊管理業務の一部の再委託に関する事項

七　責任及び免責に関する事項

八　契約期間に関する事項

九　契約の更新及び解除に関する事項

（情報通信の技術を利用する方法）

第15条　法第33条第2項（法第34条第2項おいて準用する場合を含む。）の規定により書面の交付に代えて用いる同項の国土交通省令で定める方法は、次に掲げる方法とする。ただし、当該方法は、受信者がファイルへの記録を出力することにより書面を作成することができるものでなければならない。

一　電子情報処理組織（送信者の使用に係る電子計算機と受信者の使用に係る電子計算

機とを電気通信回線で接続した電子情報処理組織をいう。第41条第1項第1号におい
て同じ。）を利用する方法のうち、イ又はロに掲げるもの

　　イ　送信者の使用に係る電子計算機から電気通信回線を通じて受信者の使用に係る電
　　　子計算機に前条に掲げる事項（以下この条において「記載事項」という。）を送信
　　　し、当該電子計算機に備えられたファイルに記録する方法
　　ロ　送信者の使用に係る電子計算機に備えられたファイルに記録された記載事項を電
　　　気通信回線を通じて受信者の閲覧に供し、当該受信者の使用に係る電子計算機に備
　　　えられたファイルに当該記載事項を記録する方法
　二　磁気ディスク、シー・ディー・ロムその他これらに記録する方法に準ずる方法によ
　　り一定の事項を確実に記録しておくことができる物（以下「磁気ディスク等」とい
　　う。）をもって調製するファイルに記載事項を記録したものを交付する方法
第16条　住宅宿泊事業法施行令（次項及び第44条において「令」という。）第3条第1項
　の規定により示すべき電磁的方法の種類は前条に掲げる方法のうち送信者が使用するも
　のとし、示すべき電磁的方法の内容はファイルへの記録の方式とする。

　　（法第34条第1項第6号の国土交通省令で定める事項）
第17条　法第34条第1項第6号の国土交通省令で定める事項は、次に掲げるものとする。
　一　住宅宿泊管理業者の商号、名称又は氏名
　二　住宅宿泊管理業務の内容
　三　住宅宿泊管理業務の一部の再委託に関する定めがあるときは、その内容
　四　責任及び免責に関する定めがあるときは、その内容
　五　法第40条の規定による住宅宿泊事業者への報告に関する事項

　　（証明書の様式）
第18条　法第37条第1項の証明書の様式は、第9号様式によるものとする。

　　（帳簿の記載事項）
第19条　法第38条の国土交通省令で定める事項は、次に掲げるものとする。
　一　管理受託契約を締結した年月日
　二　管理受託契約を締結した住宅宿泊事業者の名称
　三　契約の対象となる届出住宅
　四　受託した住宅宿泊管理業務の内容
　五　報酬の額
　六　管理受託契約における特約その他参考となる事項
2　前項各号に掲げる事項が、電子計算機に備えられたファイル又は磁気ディスク等に記
　録され、必要に応じ住宅宿泊管理業者の営業所又は事務所において電子計算機その他の
　機器を用いて明確に紙面に表示されるときは、当該記録をもって法第38条の規定による
　帳簿への記載に代えることができる。
3　住宅宿泊管理業者は、法第38条に規定する帳簿（前項の規定による記録が行われた同
　項のファイル又は磁気ディスク等を含む。）を各事業年度の末日をもって閉鎖するもの
　とし、閉鎖後5年間当該帳簿を保存しなければならない。

　　（標識の様式）

第20条　法第39条の国土交通省令で定める様式は、第10号様式によるものとする。
（住宅宿泊事業者への定期報告）
第21条　住宅宿泊管理業者は、法第40条の規定により住宅宿泊事業者への報告を行うときは、住宅宿泊管理業務を委託した住宅宿泊事業者の事業年度終了後及び管理受託契約の期間の満了後、遅滞なく、当該期間における管理受託契約に係る住宅宿泊管理業務の状況について次に掲げる事項（以下この条において「記載事項」という。）を記載した住宅宿泊管理業務報告書を作成し、これを住宅宿泊事業者に交付して説明しなければならない。
一　報告の対象となる期間
二　住宅宿泊管理業務の実施状況
三　住宅宿泊管理業務の対象となる届出住宅の維持保全の状況
四　住宅宿泊管理業務の対象となる届出住宅の周辺地域の住民からの苦情の発生状況
2　前項の住宅宿泊管理業務報告書の交付については、当該住宅宿泊管理業務報告書が、電磁的記録（電子的方式、磁気的方式その他人の知覚によっては認識することができない方式で作られる記録であって、電子計算機による情報処理の用に供されるものをいう。）で作成されている場合には、次に掲げる電磁的方法をもって行うことができる。ただし、当該電磁的方法は、住宅宿泊事業者がファイルへの記録を出力することにより書面を作成することができるものでなければならない。
一　電子情報処理組織（住宅宿泊管理業者の使用に係る電子計算機と住宅宿泊事業者の使用に係る電子計算機とを電気通信回線で接続した電子情報処理組織をいう。）を利用する方法のうち、イ又はロに掲げるもの
　　イ　住宅宿泊管理業者の使用に係る電子計算機から電気通信回線を通じて住宅宿泊事業者の使用に係る電子計算機に記載事項を送信し、当該電子計算機に備えられたファイルに記録する方法
　　ロ　住宅宿泊管理業者の使用に係る電子計算機に備えられたファイルに記録された記載事項を電気通信回線を通じて住宅宿泊事業者の閲覧に供し、当該住宅宿泊事業者の使用に係る電子計算機に備えられたファイルに当該記載事項を記録する方法
二　磁気ディスク等をもって調製するファイルに記載事項を記録したものを交付する方法
（公告の方法）
第22条　法第44条の規定による監督処分等の公告は、官報によるものとする。
（身分証明書の様式）
第23条　法第45条第3項において準用する法第17条第2項の身分を示す証明書は、第11号様式によるものとする。
（権限の委任）
第24条　法に規定する国土交通大臣の権限のうち、次に掲げるものは、住宅宿泊管理業者又は法第22条第1項の登録を受けようとする者の主たる営業所又は事務所の所在地を管轄する地方整備局長及び北海道開発局長に委任する。ただし、第7号から第12号までに掲げる権限については、国土交通大臣が自ら行うことを妨げない。

一　法第23条第1項の規定により登録申請書を受理すること。

二　法第24条第1項の規定により登録し、及び同条第2項の規定により通知すること。

三　法第25条の規定により登録を拒否し、及び同条第2項の規定により通知すること。

四　法第26条第1項の規定による届出を受理し、同条第2項の規定により登録し、及び同条第3項の規定により通知すること。

五　法第27条の規定により一般の閲覧に供すること。

六　法第28条第1項の規定による届出を受理すること。

七　法第41条第1項の規定により必要な措置をとるべきことを命じ、及び同項の規定により通知すること。

八　法第42条第1項の規定により登録を取り消し、同条第2項の規定による要請（登録の取消しに係るものに限る。）を受け、同条第3項の規定による通知（登録の取消しに係るものに限る。）をし、及び同条第4項の規定により登録を取り消すこと。

九　法第42条第1項の規定により業務の全部若しくは一部の停止を命じ、同条第2項の規定による要請（登録の取消しに係るものを除く。）を受け、及び同条第3項の規定による通知（登録の取消しに係るものを除く。）をすること。

十　法第43条第1項の規定により登録を抹消し、及び同条第2項の規定により通知すること。

十一　法第44条の規定により公告すること。

十二　法第45条第1項の規定により必要な報告を求め、又は立入検査させ、若しくは関係者に質問させること。

2　前項第7号、第9号、第11号及び第12号に掲げる権限で住宅宿泊管理業者の従たる営業所又は事務所に関するものについては、前項に規定する地方整備局長及び北海道開発局長のほか、当該従たる営業所又は事務所の所在地を管轄する地方整備局長及び北海道開発局長も当該権限を行うことができる。

第3章　住宅宿泊仲介業

（登録の更新の申請期限）

第25条　法第46条第2項の登録の更新を受けようとする者は、その者が現に受けている登録の有効期間の満了の日の90日前から60日前までの間に法第47条第1項の申請書（以下この章において「登録申請書」という。）を観光庁長官に提出しなければならない。

（手数料）

第26条　法第46条第5項の手数料は、登録申請書に収入印紙を貼って納めなければならない。ただし、行政手続等における情報通信の技術の利用に関する法律第3条第1項の規定により電子情報処理組織を使用して法第46条第2項の登録の更新の申請をする場合において、当該申請を行ったことにより得られた納付情報により納めるときは、現金をもってすることができる。

（登録申請書の様式）

第27条　登録申請書は、第12号様式によるものとする。

（登録申請書の添付書類）

第28条　法第47条第2項の国土交通省令で定める書類は、次に掲げるものとする。ただ

し、第1号ハ及び第2号イの書類のうち成年被後見人に該当しない旨の後見等登記事項証明書については、その旨を証明した市町村の長の証明書をもって代えることができる。

一　法第46条第1項の登録（同条第2項の登録の更新を含む。）を受けようとする者（以下この条において「登録申請者」という。）が法人である場合においては、次に掲げる書類

　イ　定款、寄附行為又はこれらに準ずるもの

　ロ　登記事項証明書又はこれに準ずるもの

　ハ　役員が、成年被後見人及び被保佐人に該当しない旨の後見等登記事項証明書又は外国の法令上これらと同様に取り扱われている者に該当しない旨の証明書若しくはこれに代わる書面

　ニ　役員が、民法の一部を改正する法律附則第3条第1項及び第2項の規定により成年被後見人及び被保佐人とみなされる者並びに破産手続開始の決定を受けて復権を得ない者に該当しない旨の市町村の長の証明書又は外国の法令上これと同様に取り扱われている者に該当しない旨の証明書若しくはこれに代わる書面

　ホ　最近の事業年度における貸借対照表及び損益計算書

　ヘ　住宅宿泊仲介業を的確に遂行するための必要な体制が整備されていることを証する書類

　ト　第13号様式による法第49条第1項第2号から第4号まで、第6号及び第8号から第11号までのいずれにも該当しないことを誓約する書面

二　登録申請者（営業に関し成年者と同一の行為能力を有しない未成年者である場合にあっては、その法定代理人（法定代理人が法人である場合にあっては、その役員）を含む。以下この号及び次項において同じ。）が個人である場合においては、次に掲げる書類

　イ　登録申請者が、成年被後見人及び被保佐人に該当しない旨の後見等登記事項証明書又は外国の法令上これらと同様に取り扱われている者に該当しない旨の証明書若しくはこれに代わる書面

　ロ　登録申請者が、民法の一部を改正する法律附則第3条第1項及び第2項の規定により成年被後見人及び被保佐人とみなされる者並びに破産手続開始の決定を受けて復権を得ない者に該当しない旨の市町村の長の証明書又は外国の法令上これと同様に取り扱われている者に該当しない旨の証明書若しくはこれに代わる書面

　ハ　営業に関し成年者と同一の行為能力を有しない未成年者であって、その法定代理人が法人である場合においては、その法定代理人の登記事項証明書又はこれに準ずるもの

　ニ　第5号様式による財産に関する調書

　ホ　第14号様式による法第49条第1項第1号から第7号まで及び第9号から第11号までのいずれにも該当しないことを誓約する書面

　ヘ　前号ヘに掲げる書類

2　観光庁長官は、登録申請者（個人である場合に限る。）に係る機構保存本人確認情報のうち住民票コード以外のものについて、住民基本台帳法第30条の9の規定によるその

提供を受けることができないときは、その者に対し、住民票の抄本又はこれに代わる書面を提出させることができる。

（不正な行為等をするおそれがあると認められる者）
第29条　法第49条第1項第6号の国土交通省令で定める者は、次の各号のいずれかに該当する者とする。
　一　法第62条第1項各号又は第63条第1項各号のいずれかに該当するとして登録の取消しの処分に係る行政手続法第15条の規定による通知があった日から当該処分をする日又は処分をしないことの決定をする日までの間に法第52条第1項第4号又は第5号の規定による届出をした（解散又は住宅宿泊仲介業の廃止について相当の理由がある者を除く。）で当該届出の日から5年を経過しないもの
　二　前号の期間内に法第52条第1項第2号、第4号又は第5号の規定による届出をした法人（合併、解散又は住宅宿泊仲介業の廃止について相当の理由がある法人を除く。）の役員であった者であって、前号に規定する通知があった日前30日に当たる日から当該法人の合併、解散又は廃止の日までの間にその地位にあったもので当該届出の日から5年を経過しないもの
　三　法第58条各号に掲げる行為をしている者

（住宅宿泊仲介業を遂行するために必要と認められる財産的基礎）
第30条　法第49条第1項第10号の国土交通省令で定める基準は、次に掲げるとおりとする。
　一　負債の合計額が資産の合計額を超えないこと。
　二　支払不能に陥っていないこと。

（住宅宿泊仲介業を的確に遂行するための必要な体制が整備されていない者）
第31条　法第49条第1項第11号の国土交通省令で定める者は、次の各号のいずれかに該当する者とする。
　一　業務の執行が法令に適合することを確保するための必要な体制が整備されていると認められない者
　二　宿泊者又は住宅宿泊事業者からの苦情、問合せ等に迅速かつ適切に対応するための必要な体制が整備されていると認められない者
　三　契約締結の年月日、契約の相手方その他の宿泊者又は住宅宿泊事業者と締結した契約の内容に係る重要な事項についての明確な記録又は関係書類の保管を行うための必要な体制が整備されていると認められない者

（登録事項の変更の届出）
第32条　住宅宿泊仲介業者は、法第50条第1項の規定による届出をしようとするときは、観光庁長官に、第15号様式による登録事項変更届出書を提出しなければならない。
2　変更に係る事項が法人の役員の氏名であるときは、前項の登録事項変更届出書に当該役員に関する第28条第1項第1号ハ及びニに掲げる書類並びに当該役員が法第49条第1項第8号に該当しないことを誓約する書面を添付しなければならない。

（廃業等の届出）
第33条　住宅宿泊仲介業者は、法第52条第1項の規定による届出をしようとするときは、

観光庁長官に、第16号様式による廃業等届出書を提出しなければならない。
（住宅宿泊仲介業約款の届出）
第34条　法第55条第一項の規定による届出をしようとする者は、当該住宅宿泊仲介業約款の実施予定期日の30日前までに、次に掲げる事項を記載した住宅宿泊仲介業約款設定（変更）届出書を観光庁長官に提出しなければならない。
一　商号、名称又は氏名及び住所
二　登録年月日及び登録番号
三　設定又は変更をしようとする住宅宿泊仲介業約款（変更の場合にあっては、新旧の対照を明示すること。）
四　実施予定期日
（住宅宿泊仲介業約款の記載事項）
第35条　住宅宿泊仲介業約款には、次に掲げる事項を記載しなければならない。
一　住宅宿泊仲介業務に関する料金その他の宿泊者との取引に係る金銭の収受に関する事項
二　契約の変更及び解除に関する事項
三　責任及び免責に関する事項
四　その他住宅宿泊仲介業約款の内容として必要な事項
（住宅宿泊仲介業約款の公示の方法）
第36条　法第55条第4項の規定による住宅宿泊仲介業約款の公示は、継続して、次に掲げるいずれかの方法により行わなければならない。
一　営業所又は事務所における掲示
二　インターネットによる公開
（住宅宿泊仲介業務に関する料金の制定基準）
第37条　法第56条第1項の国土交通省令で定める基準は、住宅宿泊仲介業務に関する料金が契約の種類及び内容に応じて定率、定額その他の方法により定められ、宿泊者及び住宅宿泊事業者にとって明確であることとする。
（住宅宿泊仲介業務に関する料金の公示の方法）
第38条　法第56条第1項の規定による住宅宿泊仲介業務に関する料金の公示は、継続して、次に掲げるいずれかの方法により行わなければならない。
一　営業所又は事務所における掲示
二　インターネットによる公開
（禁止行為）
第39条　法第58条第4号の国土交通省令で定める行為は、次に掲げるものとする。
一　宿泊者に対し、特定のサービスの提供を受けること又は特定の物品を購入することを強要する行為
二　宿泊のサービスを提供する者と取引を行う際に、当該者が法第3条第1項の届出をした者であるかどうかの確認を怠る行為
（住宅宿泊仲介契約の締結前の説明事項）
第40条　法第59条第1項の国土交通省令で定める事項は、次に掲げるものとする。

一　住宅宿泊仲介契約を締結する住宅宿泊仲介業者の商号、名称又は氏名並びに登録年月日及び登録番号

二　宿泊サービス提供契約を締結する住宅宿泊事業者の商号、名称又は氏名及び届出番号

三　宿泊者が宿泊する届出住宅

四　宿泊者の宿泊日

五　宿泊者が住宅宿泊仲介業者に支払うべき対価及び報酬並びにこれらの支払の時期及び方法

六　前号に掲げる対価によって提供を受けることができる宿泊のサービスの内容

七　第５号に掲げる対価に含まれていない宿泊に関する費用であって、宿泊者が通常必要とするもの

八　契約の申込方法及び契約の成立に関する事項

九　責任及び免責に関する事項

十　契約の変更及び解除に関する事項

十一　宿泊者の資格を定める場合においては、その旨及び当該資格

十二　宿泊者が宿泊する届出住宅の所在地を勘案して、宿泊者が取得することが望ましい安全及び衛生に関する情報がある場合においては、その旨及び当該情報

（情報通信の技術を利用する方法）

第41条　法第59条第２項において準用する法第33条第２項の規定により書面の交付に代えて用いる同項の国土交通省令で定める方法は、次に掲げる方法とする。

一　電子情報処理組織を利用する方法のうち、イ、ロ又はハに掲げるもの

　　イ　送信者の使用に係る電子計算機から電気通信回線を通じて受信者の使用に係る電子計算機に前条に掲げる事項（以下この条において「記載事項」という。）を送信し、当該電子計算機に備えられたファイルに記録する方法

　　ロ　送信者の使用に係る電子計算機に備えられたファイルに記録された記載事項を電気通信回線を通じて受信者の閲覧に供し、当該受信者の使用に係る電子計算機に備えられたファイルに当該記載事項を記録する方法

　　ハ　送信者の使用に係る電子計算機に備えられたファイル（専ら受信者の用に供するものに限る。次項第２号において「顧客ファイル」という。）に記録された記載事項を電気通信回線を通じて受信者の閲覧に供する方法

二　磁気ディスク等をもって調製するファイルに記載事項を記録したものを交付する方法

2　前項に掲げる方法は、次に掲げる技術的基準に適合するものでなければならない。

一　前項第１号イ又はロに掲げる方法にあっては、受信者がファイルへの記録を出力することにより書面を作成することができるものであること。

二　前項第１号ハに掲げる方法にあっては、顧客ファイルへの記録がされた記載事項を、当該顧客ファイルに記録された時を始期とし、当該記載事項に係る宿泊のサービスの提供が終了した日の翌日から起算して２年を経過した日（同日以前に当該宿泊のサービスについて苦情の申出があったときは、同日と当該苦情が解決した日のいずれか遅

い日）を終期とする期間、消去し、又は改変することができないものであること。
（標識の様式）
第42条　法第60条第1項の国土交通省令で定める様式は、第17号様式によるものとする。
（住宅宿泊仲介業者による登録年月日等の公示）
第43条　住宅宿泊仲介業者は、法第60条第2項の規定による公示をするときは、同項に規定する事項を、当該事項を閲覧しようとする者の使用に係る電子計算機の映像面において、当該者にとって見やすい箇所に明瞭かつ正確に表示されるようにしなければならない。
2　法第60条第2項の国土交通省令で定める事項は、次に掲げるものとする。
一　登録年月日
二　登録番号
三　登録の有効期間が満了する年月日
四　商号、名称又は氏名
（旅費の額）
第44条　令第4条の旅費の額に相当する額（次条及び第46条において「旅費相当額」という。）は、国家公務員等の旅費に関する法律（昭和25年法律第114号。次条及び第46条において「旅費法」という。）の規定により支給すべきこととなる旅費の額とする。この場合において、当該検査のためその地に出張する職員は、一般職の職員の給与に関する法律（昭和25年法律第95号）第6条第1項第1号イに規定する行政職俸給表（一）による職務の級が四級である者であるものとしてその旅費の額を計算するものとする。
（在勤官署の所在地）
第45条　旅費相当額を計算する場合において、当該検査のため、その地に出張する職員の旅費法第2条第1項第6号の在勤官署の所在地は、東京都千代田区霞が関2丁目1番3号とする。
（旅費の額の計算に係る細目）
第46条　旅費法第6条第1項の支度料は、旅費相当額に算入しない。
2　検査を実施する日数は、当該検査に係る事務所ごとに3日として旅費相当額を計算する。
3　旅費法第6条第1項の旅行雑費は、1万円として旅費相当額を計算する。
4　国土交通大臣が、旅費法第46条第1項の規定により、実費を超えることとなる部分又は必要としない部分の旅費を支給しないときは、当該部分に相当する額は、旅費相当額に算入しない。
（公告の方法）
第47条　法第65条の規定による監督処分等の公告は、官報によるものとする。
（身分証明書の様式）
第48条　法第66条第2項において準用する法第17条第2項の身分を示す証明書は、第18号様式によるものとする。
　　　附　則　抄
（施行期日）

第1条　この省令は、法の施行の日（平成30年6月15日）から施行する。

○厚生労働省関係住宅宿泊事業法施行規則

平成29年10月27日
厚生労働省令第117号

　住宅宿泊事業法（平成29年法律第65号）第5条の規定に基づき、厚生労働省関係住宅宿泊事業法施行規則を次のように定める。
　　　　　厚生労働省関係住宅宿泊事業法施行規則
　住宅宿泊事業法（平成29年法律第65号）第5条に規定する厚生労働省令で定める措置は、次のとおりとする。
一　居室の床面積は、宿泊者1人当たり3.3平方メートル以上を確保すること。
二　定期的な清掃及び換気を行うこと。
　　　　　附　則
　この省令は、平成30年6月15日から施行する。

○非常用照明器具の設置方法及び火災その他の災害が発生した場合における宿泊者の安全の確保を図るために必要な措置を定める件

平成29年11月28日
国土交通省告示第1109号

　国土交通省関係住宅宿泊事業法施行規則（平成29年国土交通省令第65号）第1条第1号及び第3号の規定に基づき、この告示を制定する。
　　　　　非常用照明器具の設置方法及び火災その他の災害が発生した場合における宿泊者の安全の確保を図るために必要な措置を定める件
　国土交通省関係住宅宿泊事業法施行規則（平成29年国土交通省令第65号）第1条第1号及び第3号の規定に基づき、非常用照明器具の設置方法及び火災その他の災害が発生した場合における宿泊者の安全の確保を図るために必要な措置を次のように定める。
第1　非常用照明器具は、次の各号に定めるところにより設けること。ただし、届出住宅に人を宿泊させる間、住宅宿泊事業者が不在（住宅宿泊事業法（平成29年法律第65号）第11条第1項第2号の国土交通省令・厚生労働省令で定める不在を除く。以下同じ。）とならない場合であって、宿泊室（届出住宅のうち宿泊者の就寝の用に供する室をいう。以下同じ。）の床面積（建築基準法施行令（昭和25年政令第338号）第2条第3号に規定する床面積をいう。以下同じ。）の合計が50平方メートル以下であるときは、この限りでない。
一　建築基準法施行令第126条の5に規定する技術的基準に適合する非常用の照明装置とすること。

　二　宿泊室及び当該宿泊室から地上（届出住宅が共同住宅の住戸である場合にあっては、当該住戸の出口。第2第1号イ(1)において同じ。）に通ずる部分（採光上有効に外気に開放された部分を除く。）に設けること。ただし、平成12年建設省告示第1411号に定める建築物の部分にあっては、この限りでない。

第2　国土交通省関係住宅宿泊事業法施行規則第1条第3号の火災その他の災害が発生した場合における宿泊者の安全の確保を図るために必要な措置は、次の各号（当該届出住宅に人を宿泊させる間、住宅宿泊事業者が不在とならない場合であって、宿泊室の床面積の合計が50平方メートル以下であるときは、第2号）に定めるものとする。

　一　同一の届出住宅内の二以上の宿泊室に、複数の宿泊者を同時に宿泊させる場合（当該複数の宿泊者を一の契約により宿泊させる場合を除く。）にあっては、次のイ又はロに掲げる措置を講じること。ただし、宿泊者使用部分（届出住宅のうち宿泊者の使用に供する部分をいう。以下同じ。）を平成26年国土交通省告示第860号各号のいずれかに該当するものとし、かつ、宿泊者使用部分の各居室（建築基準法（昭和25年法律第201号）第2条第4号に規定する居室をいう。以下同じ。）に、消防法施行令（昭和36年政令第37号）第7条第3項第1号に規定する自動火災報知設備又は同令第29条の4第1項に規定する必要とされる防火安全性能を有する消防の用に供する設備等（自動火災報知設備に代えて用いることができるものに限る。）を設けた場合は、この限りでない。

　　イ　次に掲げる措置

　　(1)　宿泊室と当該宿泊室から地上に通ずる部分とを準耐火構造（建築基準法第2条第7号の2に規定する準耐火構造をいう。以下同じ。）の壁で区画し、建築基準法施行令第112条第2項各号のいずれかに該当する部分を除き、当該壁を小屋裏又は天井裏に達せしめること

　　(2)　四以上の宿泊室が相接する場合には、三室以内ごとに準耐火構造の壁で区画し、建築基準法施行令第112条第2項各号のいずれかに該当する部分を除き、当該壁を小屋裏又は天井裏に達せしめること

　　(3)　相接する二以上の宿泊室の床面積の合計が100平方メートルを超える場合には、100平方メートル以内ごとに準耐火構造の壁で区画し、建築基準法施行令第112条第2項各号のいずれかに該当する部分を除き、当該壁を小屋裏又は天井裏に達せしめること

　　(4)　給水管、配電管その他の管が(1)から(3)までの壁を貫通する場合には、建築基準法施行令第114条第5項において準用する同令第112条第15項の規定に適合すること

　　(5)　換気、暖房又は冷房の設備の風道が(1)から(3)までの壁を貫通する場合には、建築基準法施行令第114条第5項において読み替えて準用する同令第112条第16項の規定に適合すること

　　ロ　宿泊室を建築基準法施行令第112条第2項に規定する自動スプリンクラー設備等設置部分に設けること

　二　届出住宅が一戸建ての住宅又は長屋である場合にあっては、次のイからホまでに掲

げる措置を講じること。

イ　２階以上の各階における宿泊室の床面積の合計を100平方メートル（建築基準法
　　第２条第５号に規定する主要構造部が準耐火構造であるか、又は同条第九号に規定
　　する不燃材料で造られている場合にあっては、200平方メートル）以下とすること。
　　ただし、当該階から避難階又は地上に通ずる二以上の直通階段を設ける場合は、こ
　　の限りでない。

ロ　宿泊者使用部分の床面積の合計を200平方メートル未満とすること。ただし、次
　　の(1)又は(2)に該当する場合は、この限りでない。

　(1)　届出住宅が耐火建築物（建築基準法第２条第９号の２に規定する耐火建築物を
　　　いう。以下同じ。）、準耐火建築物（同条第９号の３に規定する準耐火建築物をい
　　　う。以下同じ。）又は特定避難時間倒壊等防止建築物（建築基準法施行令第109条
　　　の２の２に規定する特定避難時間倒壊等防止建築物をいい、同令第110条第１号
　　　イに規定する特定避難時間が45分間以上のものに限る。）である場合

　(2)　(1)以外の場合であって、宿泊者使用部分の各居室の壁（床面からの高さが1.2
　　　メートル以下の部分を除く。）及び天井（天井のない場合においては、屋根。以
　　　下同じ。）の室内に面する部分（回り縁、窓台その他これらに類する部分を除く。
　　　以下同じ。）の仕上げを建築基準法施行令第128条の５第１項第１号に掲げる仕上
　　　げと、当該居室から地上に通ずる主たる廊下、階段その他の通路の壁及び天井の
　　　室内に面する部分の仕上げを同項第２号に掲げる仕上げとする場合

ハ　各階における宿泊者使用部分の床面積の合計を200平方メートル（地階にあって
　　は、100平方メートル）以下とすること。ただし、次の(1)又は(2)に該当する場合は、
　　この限りでない。

　(1)　当該階の廊下が３室以下の専用のものである場合

　(2)　当該階の廊下（３室以下の専用のものを除く。）の幅が、両側に居室がある廊
　　　下にあっては1.6メートル以上、その他の廊下にあっては1.2メートル以上である場
　　　合

ニ　２階における宿泊者使用部分の床面積の合計を300平方メートル未満とすること。
　　ただし、届出住宅が準耐火建築物である場合は、この限りでない。

ホ　宿泊者使用部分を３階以上の階に設けないこと。ただし、届出住宅が耐火建築物
　　である場合は、この限りでない。

　　　附　　則

この告示は、住宅宿泊事業法の施行の日（平成30年６月15日）から施行する。

○住宅宿泊事業法施行要領（ガイドライン）

平成29年12月
厚生労働省医薬・生活衛生局
国土交通省土地・建設産業局
国土交通省住宅局
国土交通省観光庁

1－1. 定義関係

(1)　住宅の定義（法第2条第1項関係）

① 　設備要件に関する考え方について
- 「台所」、「浴室」、「便所」、「洗面設備」は必ずしも1棟の建物内に設けられている必要はない。同一の敷地内の建物について一体的に使用する権限があり、各建物に設けられた設備がそれぞれ使用可能な状態である場合には、これら複数棟の建物を一の「住宅」として届け出ることは差し支えない。例えば、浴室のない「離れ」について、浴室のある同一敷地内の「母屋」と併せて一つの「住宅」として届け出る場合が該当する。
- 　これらの設備は、届出住宅に設けられている必要があり、届出の対象に含まれていない近隣の公衆浴場等を浴室等として代替することはできないこととする。
- 　これらの設備は必ずしも独立しているものである必要はなく、例えば、いわゆる3点ユニットバスのように、一つの設備が複数の機能（浴室、便所、洗面設備）を有している場合であっても、それぞれの設備があるとみなすこととする。
- 　これらの設備は、一般的に求められる機能を有していれば足りる。例えば浴室については、浴槽がない場合においてもシャワーがあれば足り、便所については和式・洋式等の別は問わない。

② 　居住要件に関する考え方について
- 　住宅宿泊事業法施行規則（平成29年厚生労働省・国土交通省令第2号。以下「国・厚規則」という。）第2条第1号に規定する「現に人の生活の本拠として使用されている家屋」とは、現に特定の者の生活が継続して営まれている家屋である。「生活が継続して営まれている」とは、短期的に当該家屋を使用する場合は該当しない。当該家屋の所在地を住民票上の住所としている者が届出をする場合には、当該家屋が「現に人の生活の本拠として使用されている家屋」に該当しているものとして差し支えない。
- 　国・厚規則第2条第2号に規定する「入居者の募集が行われている家屋」とは、住宅宿泊事業を行っている間、分譲（売却）又は賃貸の形態で、人の居住の用に供するための入居者の募集が行われている家屋である。
- 　また、「入居者の募集」について、広告において故意に不利な取引条件を事実に

反して記載している等入居者の募集の意図がないことが明らかである場合は、「入居者の募集が行われている家屋」には該当しない。

・　国・厚規則第２条第３号に規定する「随時その所有者、賃借人又は転借人の居住の用に供されている家屋」とは、純然たる生活の本拠としては使用していないものの、これに準ずるものとして、その所有者等により随時居住の用に供されている家屋である。また、当該家屋は、既存の家屋において、その所有者等が使用の権限を有しており、少なくとも年１回以上は使用しているものの、生活の本拠としては使用していない家屋である。なお、居住といえる使用履歴が一切ない民泊専用の新築投資用マンションは、これに該当しない。

（随時居住の用に供されている家屋の具体例）

　　・　別荘等季節に応じて年数回程度利用している家屋
　　・　休日のみ生活しているセカンドハウス
　　・　転勤により一時的に生活の本拠を移しているものの、将来的に再度居住の用に供するために所有している空き家
　　・　相続により所有しているが、現在は常時居住しておらず、将来的に居住の用に供することを予定している空き家
　　・　生活の本拠ではないが、別宅として使用している古民家

③　その他留意事項について

・　一般的に、社宅、寮、保養所と称される家屋についても、その使用実態に応じて「住宅」の定義に該当するかを判断する。

・　住宅宿泊事業法（平成29年法律第65号。以下「法」という。）において、住宅宿泊事業に係る住宅については、人の居住の用に供されていると認められるものとしており、住宅宿泊事業として人を宿泊させている期間以外の期間において他の事業の用に供されているものは、こうした法律の趣旨と整合しないため、国・厚規則第２条柱書において本法における住宅の対象から除外している。なお、このような住宅の定義を踏まえ、法第21条において、届出住宅については、建築基準法（昭和25年法律第201号）上も「住宅」、「長屋」、「共同住宅」又は「寄宿舎」としている。

・　また、高齢者や子供、障害者等の宿泊者のため、届出住宅のバリアフリー対応がなされることが望ましい。

(2)　住宅宿泊事業の定義（法第２条第３項関係）

①　日数の算定に関する考え方について

・　法第２条第３項において、住宅宿泊事業については、宿泊料を受けて届出住宅に人を宿泊させた日数が１年間で180日を超えないものであるとされているところ、「人を宿泊させた日数」とは、住宅宿泊事業者ごとではなく、届出住宅ごとに算定するものであり、住宅宿泊事業者の変更等があったとしても、国・厚規則第３条に規定する期間内において人を宿泊させた日数は通算する。このため、住宅宿泊事業を新たに営もうとする者は、当該期間における当該住宅の宿泊実績について、届出

先の都道府県又は保健所設置市等（以下「都道府県等」という。）に確認する等の対応を自ら講じることにより、意図せずに法令に違反することのないよう努めるものとする。

・　日数の算定については、宿泊料を受けて届出住宅に人を宿泊させた日数について算定するのであり、宿泊者を募集した日数ではなく、実際に人を宿泊させた日数で算定する。

・　人を宿泊させた日数については、上記のとおり、届出住宅ごとに算定することから複数の宿泊グループが同一日に宿泊していたとしても、同一の届出住宅における宿泊であれば、複数日ではなく、1日と算定する。

・　宿泊料を受けて届出住宅に人を宿泊させた実績があるのであれば、短期間であるかどうか、日付を超えているかどうかは問わず、1日と算定される。

②　その他留意事項について

・　法第2条第3項に規定する「旅館業法第3条の2第1項に規定する営業者」とは、旅館業法（昭和23年法律第138号）に基づく営業の許可を受けた施設において旅館業を営んでいる者のことである。ある施設で旅館業法の許可を受け、旅館業を営んでいる者であったとしても、旅館業法に基づく許可を受けていない住宅において人を宿泊させようとする者については含まない。

・　「人を宿泊させる事業」とは、旅館業法における「人を宿泊させる営業」の考え方と同様とし、一般的な施設の使用貸借に留まるか宿泊営業としての性質を有するかの考え方としては、

（ⅰ）　施設の管理・経営形態を総体的にみて、宿泊者のいる部屋を含め施設の衛生上の維持管理責任が営業者にあると社会通念上認められること。

（ⅱ）　施設を利用する宿泊者がその宿泊する部屋に生活の本拠を有さないことを原則として、営業しているものであること。

の2点に該当するものについては、宿泊営業となる。

・　住宅宿泊事業は旅館業と異なり宿泊拒否の制限を課しておらず、宿泊の条件として、合理的な範囲で宿泊者に対し一定の要件を課しても本法に反しない。ただし、宿泊拒否の理由が差別的なものである場合や偏見に基づくものである場合は社会通念上、不適切となることもあるため留意することが必要である。

(3)　住宅宿泊管理業務の定義（法第2条第5項関係）

①　住宅宿泊事業の適切な実施のために必要な届出住宅の維持保全について

・　住宅宿泊事業は、人が居住し日常生活を営む空間に人を宿泊させるものであり、その適切な実施のために必要な届出住宅の維持保全として、人が居住し日常生活を営むために必要な機能を維持する必要がある。具体的には、届出住宅に設ける必要がある台所、浴室、便所、洗面設備が正常に機能するものであるほか、人が日常生活を営む上で最低限必要な水道や電気などのライフライン、ドアやサッシ等の届出住宅の設備が正常に機能するよう保全することが必要である。また、空室時におけ

る施錠の確保や、住宅又は居室の鍵の管理も届出住宅の維持保全に含まれる。
②　宿泊者の退室後の状況確認等について
・　宿泊者の退室後の届出住宅については、住宅及び設備の破損の有無や、宿泊者の遺失物の有無等について確認し、宿泊前の状態と大きな乖離がないよう維持することが必要である。

(4)　住宅宿泊管理業の定義（法第2条第6項関係）

①　「住宅宿泊管理業」について
・　住宅宿泊管理業を社会通念上事業の遂行とみることができる程度に行う状態を指すものであり、その判断は、次の事業性の有無を参考に諸要因を勘案して総合的に行われるものとする。
＜事業性の有無＞
　反復継続性の如何を問わず、一回限りとして住宅宿泊事業者から委託を受ける場合でも事業性が認められるため住宅宿泊管理業に該当する。なお、報酬を得ずに住宅宿泊管理業務を行う場合は、住宅宿泊管理業には該当しないが、金銭以外の形で実質的に対価を得る場合には該当し得る。
②　住宅宿泊管理業に該当しない場合について
・　住宅宿泊事業者から法第11条第1項に基づく委託を受けた住宅宿泊管理業者から再委託を受けて住宅宿泊管理業務の一部の事実行為を行う場合には、住宅宿泊管理業には該当しない。また、住宅宿泊事業者が届出住宅に不在とならない場合等法第11条第1項に基づく住宅宿泊管理業務の委託が必要とならない場合であって、届出住宅の清掃等の住宅宿泊管理業務の一部を住宅宿泊事業者の責任の下において他者に委託する場合には、その委託された者は、法第2条第7項に規定する住宅宿泊管理業者には該当しない。ただし、これらの行為を法第22条第1項の登録を受けた住宅宿泊管理業者が行う場合であって、それらの行為によって住宅宿泊管理業の適正な運営の確保に支障を生ずるような場合には、法第41条の住宅宿泊管理業者に対する業務改善命令の対象となり得る。

(5)　住宅宿泊仲介業等の定義（法第2条第8項～第10項関係）

①　「住宅宿泊仲介業」について
・　住宅宿泊仲介業を社会通念上事業の遂行とみることができる程度に行う状態を指すものであり、その判断は、次の営利性の有無及び事業性の有無を参考に諸要因を勘案して総合的に行われるものとする。
＜営利性の有無＞
　事業者が法第2条第8項第1号及び第2号に掲げる行為を行うことによって経済的収入を得ていれば報酬となる。金銭以外の形であっても、実質的に対価を得る場合には報酬に該当し得る。なお、国、地方公共団体、公的団体又は非営利団体が実

施する事業であったとしても、報酬を得て法第2条第8項第1号及び第2号に掲げる行為を行う場合は、住宅宿泊仲介業の登録が必要である。

＜事業性の有無＞

　宿泊の手配を行う旨の宣伝をしている等行為の反復継続の意思が認められる場合には、事業性があるといえる。

2−1．住宅宿泊事業の届出

(1)　住宅宿泊事業の届出（法第3条第1項関係）

① 届出の方法について

・ 「住宅宿泊事業を営む旨の届出」については、住宅の所在地を管轄する都道府県知事又は保健所設置市等の長（以下「都道府県知事等」という。）に対して行うものとする。

・ 届出は、民泊制度運営システムを利用して行うことを原則とする。

② 届出の単位等に関する考え方について

・ 「住宅」とは、1棟の建物である必要はなく、建物の一部分のみを住宅宿泊事業の用に供する場合には、当該部分が法第2条第1項に規定する「住宅」の要件を満たしている限りにおいて、当該部分を「住宅」として届け出ることができる。例えば、1棟の建物内で店舗と住宅といったように複数の用途が併存する建物においては、店舗部分を除いた住宅部分のみ「住宅」として使用することが可能とされているのであれば、その部分のみを「住宅」として届け出ることができる。このため、届出の際に添付する住宅の図面についても、国・厚規則第4条第4項第1号チ（同項第2号ホに規定するものを含む。）に規定する事項が明示されていれば、住宅宿泊事業の用に供する部分のみを対象とすることで足りる。

③ 届出の効力等に関する考え方について

・ 本法及び国・厚規則で規定している届出書の記載事項又は添付書類に不備があり、形式的要件を満たしていない届出は受け付けられないこととなる。また、届出を受け付けた都道府県知事等は、すみやかに届出番号の通知を行う必要がある。なお、届出番号が通知されない場合には標識の掲示ができないこととなる。届出番号が通知される前に事業を開始した場合には法第13条に規定する標識に届出番号を記載できないことから、同条に違反しているものとして罰則等の対象となる。

・ 住宅宿泊事業は一の「住宅」について、一の事業者による届出のみ可能であり、既に届出がされている「住宅」について、重複して届け出ることはできない（※）。なお、既存の住宅宿泊事業者が届出住宅の使用権限を失っている等により事業を行うことができないことが明らかであることが確認できた場合は、当該事業者に対して事業の廃止の届出を求めることとし、30日以上を経過して事業者より廃止の届出がなされない場合は、当該届出住宅における住宅宿泊事業については事業が廃止されたものとみなして差し支えない。

※　重複して届け出ることはできないが、当該住宅の共同所有者等事業を共同で実施している者であれば連名で届出することも可能。

④　届出に関連して実施することが望ましい措置について

・　住宅宿泊事業を営む旨の届出を行うにあたっては、届出者から周辺住民に対し住宅宿泊事業を営む旨を事前に説明することが望ましい。

・　宿泊者、近隣住民等が住宅宿泊事業の届出の有無について確認することを可能とするため、都道府県知事等は、その届出番号及び住所を公表することが望ましい。

なお、情報の公表にあたっては、都道府県等の個人情報保護条例等との整合や、プライバシーへの配慮等も踏まえて具体的な公表方法を検討することが望ましい。

⑤　その他留意事項について

・　住宅宿泊事業を営む旨の届出を行うにあたっては、事業を取り巻くリスクを勘案し、適切な保険（火災保険、第三者に対する賠償責任保険等）に加入することが望ましい。

・　他者に委任されて届出がなされた場合は、都道府県知事等は委任状を確認する等その真正性を確認する必要がある。

(2)　住宅宿泊事業の届出事項（法第3条第2項関係）

①　各届出事項に関する考え方について

・　「役員」とは、次に掲げる者をいう。

（ⅰ）　株式会社においては、取締役、執行役、会計参与（会計参与が法人であるときは、その職務を行うべき社員）及び監査役

（ⅱ）　合名会社、合資会社及び合同会社においては、定款をもって業務を執行する社員を定めた場合は、当該社員。その他の場合は、総社員

（ⅲ）　財団法人及び社団法人においては、理事及び監事

（ⅳ）　特殊法人等においては、総裁、理事長、副総裁、副理事長、専務理事、理事、監事等法令により役員として定められている者

・　国・厚規則第4条第2項第3号に規定する「法第32条第1号に規定する管理受託契約の内容」については、法第34条第1項に基づき管理受託契約の締結に際して住宅宿泊管理業者から住宅宿泊事業者に交付される書面に記載されている事項を届け出る必要がある。当該事項が管理受託契約の契約書面に記載されている場合には、当該契約書面の写しを提出することによって届出を行ったものとみなして差し支えない。

・　国・厚規則第4条第3項第8号に規定する「一戸建ての住宅、長屋、共同住宅又は寄宿舎の別」については、以下を参考に、届出住宅の実態に応じて記載することとする。

A．一戸建ての住宅　：いわゆる一戸建ての住宅。屋内で行き来できる2世帯住宅も含む。

B．長屋　　　　　　：一の建物を複数世帯向けの複数の住戸として利用し、共用部分（共用廊下や共用階段）を有しないもの（住戸ごとに台所、浴室、便所等の設備を有する。）

C．共同住宅　　　　：一の建物を複数世帯向けの複数の住戸として利用し、共用部分（共用廊下や共用階段）を有するもの（住戸ごとに台所、浴室、便所等の設備を有する。）

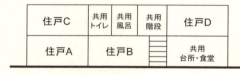

D．寄宿舎　　　　　：一の建物を複数世帯向けの複数の住戸として利用し、複数住戸で台所、浴室、便所等の設備を共用するもの

- 国・厚規則第1号様式に記載する「居室の面積」とは、宿泊者が占有する面積のことを表す（宿泊者の占有ではない台所、浴室、便所、洗面所、廊下のほか、押入れや床の間は含まない）。具体的には、簡易宿所の取扱いと同様に算定することとする。なお、内寸面積で算定することとする。
- 国・厚規則第1号様式に記載する「宿泊室の面積」とは、宿泊者が就寝するために使用する室の面積を表す（宿泊室内にある押入れや床の間は含まない）。なお、面積の算定方法は壁その他の区画の中心線で囲まれた部分の水平投影面積とする。
- 国・厚規則第1号様式に記載する「宿泊者の使用に供する部分（宿泊室を除く。）の面積」とは、宿泊者の占有か住宅宿泊事業者との共有かを問わず、宿泊者が使用

する部分の面積であり、宿泊室の面積を除いた面積を表す（台所、浴室、便所、洗面所のほか、押入れや床の間、廊下を含む。）。なお、面積の算定方法は「宿泊室の面積」の場合と同様とする。

・　国・厚規則第４条第３項第10号に規定する「住宅に人を宿泊させる間、届出者が不在（法第11条第１項第２号の国土交通省令・厚生労働省令で定める不在を除く。）とならない場合」とは、法第６条に規定する安全の措置の設置義務の有無を確認するために求めるものであり、届出住宅に人を宿泊させる間、住宅宿泊事業者が居住（別荘等の届出住宅において住宅宿泊事業者が滞在する場合も含む。）しており、法第11条第１項第２号に規定する一時的な不在を除く不在とならない場合のことである。ここでは、届出住宅内に居住していることが必要であり、国・厚規則第９条第４項に規定するような、例えば、届出住宅に隣接して居住する場合は対象とならないことに留意する必要がある。

・　国・厚規則第４条第３項第11号に規定する「賃借人」には賃借人の親族が賃貸人である場合の賃借人も含まれ、同項第12号に規定する「転借人」には転借人の親族が転貸人である場合の転借人も含まれる。同条第４項第１号リ及びヌ並びに同項第２号ホに規定するものについても同様である。

・　国・厚規則第４条第３項第13号に規定する「規約で住宅宿泊事業を営むことを禁止する旨の定め」については、住宅宿泊事業を禁止する場合のほか、「宿泊料を受けて人を宿泊させる事業」のように、住宅宿泊事業を包含する事業を禁止する場合も含む。また、一定の態様の住宅宿泊事業のみ可能とする規約の場合は、それ以外の態様は禁止されていると解される。（規約における禁止規定の規定例についてはマンション標準管理規約及びマンション標準管理規約コメントを参照。）

　　「規約に住宅宿泊事業を営むことについての定めがない」場合において、「管理組合に届出住宅において住宅宿泊事業を営むことを禁止する意思がない」とは、管理組合の総会や理事会における住宅宿泊事業を営むことを禁止する方針の決議がないことである。

②　届出の様式の記載についての留意事項について

・　日本語で作成する必要があるが、名称、住所等の固有名詞については、外国語で記載することができる。

(a)　住宅宿泊事業届出書（国・厚規則第１号様式）

・　届出者が法人である場合は、届出者の「商号又は名称」には、当該事項を記入し、「氏名」には、当該法人の代表者の氏名を記入した上で、押印又は署名をすることとする。届出者が個人である場合は、「商号又は名称」がある場合は、当該事項を記入し、「氏名」には、届出者の氏名を記入した上で、押印又は署名をすることとする。

・　届出者又は法定代理人が法人である場合は、「商号、名称又は氏名及び住所」、「法定代理人に関する事項」、「法定代理人の代表者に関する事項（法人である場合）」、「法定代理人の役員に関する事項（法人である場合）」、「役員に関する事項

　　（法人である場合）」については、登記事項証明書に記載されたものを記入することとする。
　　・　届出者（個人の場合）、代表者、法定代理人（個人の場合）、法定代理人の代表者、法定代理人の役員並びに役員の氏名及び住所については、住民票に記載された氏名及び住所を記入することとする。外国籍の者の場合は、日本国政府の承認した外国政府の発行した書類やこれに準じる書類に記載された住所及び氏名を記載することとする。
　　・　「法定代理人の役員に関する事項（法人である場合）」については、法定代理人の役員全員について記載することとする。
　　・　「役員に関する事項（法人である場合）」については、法人の役員全員について記載することとする。
　　・　「住宅に関する事項」の「所在地」の記載にあたっては、当該住宅を明確にするため、建物・アパート名及び部屋番号を記載することとする。
　　・　「営業所又は事務所に関する事項（営業所又は事務所を設ける場合）」については、届出住宅以外の営業所又は事務所であって当該届出住宅に係る住宅宿泊事業に関連する全ての営業所又は事務所について記載することとする。

　（b）　届出事項変更届出書（国・厚規則第2号様式）
　　・　（a）　住宅宿泊事業届出書（国・厚規則第1号様式）と同様。

　（c）　廃業等届出書（国・厚規則第3号様式）
　　・　「氏名」については、届出者の氏名を記入した上で、押印又は署名をすることとする。
　　・　「商号、名称又は氏名」については、住宅宿泊事業届出書（国・厚規則第1号様式）に記入したとおり記入することとする。
　③　その他留意事項について
　　・　例えば、届出住宅において食事を提供する場合は、食品衛生法に従うことが必要であり、届出者は関係する他の法令にも抵触しないよう自ら確認する必要がある。
　　・　法第3条第2項柱書に規定する「住宅宿泊事業を営もうとする住宅ごと」とは、国・厚規則第1条に規定する「台所、浴室、便所、洗面設備」が設けられている単位を最小単位とする。
　　・　都道府県知事等においては、提出された届出書に基づき住民基本台帳ネットワークシステム（以下「住基ネット」という。）を利用して届出者の実在を確認する必要があるが、住基ネットの活用による届出者の実在が確認できない場合においては、住民票の提出を求めるものとする。

（3）　住宅宿泊事業の届出の添付書類（法第3条第3項関係）

　①　各添付書類等に関する考え方について

- 　届出書の添付書類は、日本語又は英語で記載されたものに限る。英語の場合は、日本語による翻訳文を添付する必要がある。特別の事情で届出書に添付する書類が日本語又は英語で提出できない場合は、その他の言語で記載された書類に、日本語による翻訳文を添付することにより、提出することができる。
- 　官公署（日本国政府の承認した外国政府又は権限のある国際機関を含む。）が証明する書類は、届出日前3月以内に発行されたものとし、官公署から発行された書類を提出することとする（写し等は認めないこととする。）。
- 　国・厚規則第4条第4項第1号イに規定する「定款又は寄附行為」は、商号、事業目的、役員数、任期及び主たる営業所又は事務所の所在地が登記事項証明書の内容と一致しているものであって、現在効力を有するものとする。外国法人においては、日本国政府の承認した外国政府又は権限のある国際機関の発行した書類その他これに準じるもので、商号、事業目的、役員数、任期及び主たる営業所又は事務所の所在地の記載のあるものを提出することとする。
- 　国・厚規則第4条第4項第1号ロに規定する「登記事項証明書」は、外国法人においては、日本国政府の承認した外国政府又は権限のある国際機関の発行した書類その他これに準じるもので、法人名、事業目的、代表者名、役員数、任期及び主たる営業所又は事務所の所在地の記載のあるものとする。
- 　国・厚規則第4条第4項第1号ハに規定する「役員が、成年被後見人及び被保佐人に該当しない旨の後見等登記事項証明書」は、外国籍の役員においては、国・厚規則第4条第4項第1号ニの書類と重複するため、ハの書類については提出する必要はない。
- 　国・厚規則第4条第4項第1号ニに規定する「役員が、民法の一部を改正する法律附則第三条第一項及び第二項の規定により成年被後見人及び被保佐人とみなされる者並びに破産手続開始の決定を受けて復権を得ない者に該当しない旨の市町村の長の証明書」は、外国籍の役員においては、日本国政府の承認した外国政府又は権限のある国際機関の発行した書類その他これに準じるもので、成年被後見人及び被保佐人並びに破産手続開始の決定を受けて復権を得ない者と同様に取り扱われている者に該当しない旨を証明する書類とする。当該書類が存在しない場合は、成年被後見人及び被保佐人並びに破産手続開始の決定を受けて復権を得ない者に相当するものに該当しない者であることを公証人又は公的機関等が証明した書類を提出することとする。
- 　国・厚規則第4条第4項第1号ヘ（同項第2号ホに規定するものを含む。）に規定する「入居者の募集が行われていることを証する書類」とは、当該募集の広告紙面の写し、賃貸不動産情報サイトの掲載情報の写し、募集広告の写し、募集の写真その他の入居者の募集が行われていることを証明する書類をいう。なお、賃貸（入居者）の募集をしていることについては、都道府県知事等が必要に応じて報告徴収により確認することが望ましい。
- 　国・厚規則第4条第4項第1号ト（同項第2号ホに規定するものを含む。）に規定する「随時その所有者、賃借人又は転借人の居住の用に供されていることを証す

る書類」とは、届出住宅周辺における商店で日用品を購入した際のレシートや届出住宅と自宅の間の公共交通機関の往復の領収書の写し、高速道路の領収書の写しその他の随時その所有者、賃借人又は転借人の居住の用に供されていることを証明する書類をいう。

・　国・厚規則第4条第4項第1号チ（同項第2号ホに規定するものを含む。）に規定する「住宅の図面」は、必要事項が明確に記載されていれば、手書きの図面であっても差し支えない。

・　国・厚規則第4条第4項第1号カ及び同項第2号ニの誓約書については、それぞれ様式A、様式Bを用いるほか、法に規定する欠格事由に該当しない旨を記載した書面であって署名又は押印があるものが該当する。

・　国・厚規則第4条第4項第1号ヲ（同項第2号ホに規定するものを含む。）に規定する「管理組合に届出住宅において住宅宿泊事業を営むことを禁止する意思がないことを確認したことを証する書類」とは、届出者が管理組合に事前に住宅宿泊事業の実施を報告し、届出時点で住宅宿泊事業を禁止する方針が総会や理事会で決議されていない旨を確認した誓約書（様式C）、又は本法成立以降の総会及び理事会の議事録その他の管理組合に届出住宅において住宅宿泊事業を営むことを禁止する意思がないことを確認したことを証明する書類をいう。

・　国・厚規則第4条第4項第2号イに規定する「届出者が、成年被後見人及び被保佐人に該当しない旨の後見等登記事項証明書」は、外国籍の届出者においては、第4条第4項第2号ロの書類と重複するため、イの書類については提出する必要はない。

・　国・厚規則第4条第4項第2号ロに規定する「届出者が、民法の一部を改正する法律附則第三条第一項及び第二項の規定により成年被後見人及び被保佐人とみなされる者並びに破産手続開始の決定を受けて復権を得ない者に該当しない旨の市町村の長の証明書」は、外国籍の届出者においては、日本国政府の承認した外国政府又は権限のある国際機関の発行した書類その他これに準じるもので、成年被後見人及び被保佐人並びに破産手続開始の決定を受けて復権を得ない者と同様に取り扱われている者に該当しない旨を証明する書類とする。当該書類が存在しない場合は、成年被後見人及び被保佐人並びに破産手続開始の決定を受けて復権を得ない者に相当するものに該当しない者であることを公証人又は公的機関等が証明した書類を提出することができる。

・　国・厚規則第4条第4項第2号ハに規定する「営業に関し成年者と同一の行為能力を有しない未成年者であって、その法定代理人が法人である場合においては、その法定代理人の登記事項証明書」は、外国法人においては、日本国政府の承認した外国政府又は権限のある国際機関の発行した書類その他これに準じるもので、法人名、事業目的、代表者名、役員数、任期及び主たる営業所又は事務所の所在地の記載のあるものとする。

・　国・厚規則第4条第5項に規定する「住民票の抄本又はこれに代わる書面」は、外国籍の届出者においては、住民票の抄本が提出できないときは、住民基本台帳法

（昭和42年法律第81号）第30条の45に規定する国籍等の記載のあるものに限る。

② その他留意事項について

・ 都道府県知事等は、「その他国土交通省令・厚生労働省令で定める書類」のほか、届出住宅が消防法令に適合していることを担保し、住宅宿泊事業の適正な運営を確保する目的から、消防法令適合通知書を届出時にあわせて提出することを求めるものとする。なお、「住宅宿泊事業の届出に伴う消防法令適合通知書の交付について」（平成29年12月26日付消防予第389号）を参考にすることとする。

・ 法第6条の安全措置について、その実施内容を把握するため、届出の際の添付書類である住宅の図面には、国土交通省関係住宅宿泊事業法施行規則（平成29年国土交通省令第65号。以下「国規則」という。）第1条第1号及び第3号に規定する措置の実施内容（2－2.（2）①安全措置についてに記載している非常用照明器具の位置、その他安全のための措置の内容等）について明示することとする。なお、これらの実施内容が記載されていない場合は、本事業の適正な運営の確保のため、必要に応じて実際の措置の実施内容について報告徴収を行うことも想定される。

2－2. 住宅宿泊事業の実施

(1) 宿泊者の衛生の確保（法第5条関係）

① 必要な措置について

・ 感染症等衛生上のリスクは、不特定多数の宿泊者が一カ所に集中することにより高まるものであることから、居室の宿泊者1人当たりの床面積を、3.3㎡以上確保することとする。

・ 居室の床面積は、宿泊者が占有する部分の面積を指す（宿泊者の占有ではない台所、浴室、便所、洗面所、廊下のほか、押入れ、床の間は含まない。）。具体的には、旅館業法に基づく簡易宿所の取扱いと同様に算定することとする。なお、内寸面積で算定することとする。

・ 届出住宅の設備や備品等については清潔に保ち、ダニやカビ等が発生しないよう除湿を心がけ、定期的に清掃、換気等を行うこととする。

・ 寝具のシーツ、カバー等直接人に接触するものについては、宿泊者が入れ替わるごとに洗濯したものと取り替えることとする。

・ 宿泊者が人から人に感染し、重篤な症状を引き起こすおそれのある感染症に罹患し又はその疑いがあるときは、保健所に通報するとともに、その指示を受け、その使用した居室、寝具、及び器具等を消毒・廃棄する等の必要な措置を講じることとする。その他公衆衛生上の問題を引き起こす事態が発生し又はそのおそれがあるときは、保健所に通報することとする。衛生管理のための講習会を受講する等最低限の衛生管理に関する知識の習得に努めることとする。

・ 届出住宅に循環式浴槽（追い焚き機能付き風呂・24時間風呂など）や加湿器を備え付けている場合は、レジオネラ症を予防するため、宿泊者が入れ替わるごとに浴

　　　槽の湯は抜き、加湿器の水は交換し、汚れやぬめりが生じないよう定期的に洗浄等を行うなど、取扱説明書に従って維持管理することとする。(「レジオネラ症を予防するために必要な措置に関する技術上の指針」(平成15年厚生労働省告示第264号)等を参考)。

② 　その他留意すべき事項について
　・　住宅宿泊事業の規模や実態に応じて、「旅館業における衛生等管理要領」(平成12年生衛発1811号厚生省生活衛生局長通知)を参考に、適切な衛生措置が講じられることが望ましい。

(2)　宿泊者の安全の確保 (法第6条関係)

①　安全措置について
　・　具体的な非常用照明器具の設置方法及びその他宿泊者の安全の確保を図るために必要な措置については、国規則第1条第1号及び第3号並びに平成29年国土交通省告示第1109号に規定しており、届出住宅の建て方や規模等に応じた安全措置の適用については表1のとおりとする。

(表1)　届出住宅の建て方と規模等に応じた安全措置の適用要否

安全措置の内容 (告示の条項)	届出住宅の建て方と規模等			
	一戸建ての住宅、長屋		共同住宅、寄宿舎	
	家主同居※1で宿泊室の床面積が50㎡以下	左記以外	家主同居※1で宿泊室の床面積が50㎡以下	左記以外
非常用照明器具 (第一)	×	○	×	○
防火の区画等 (第二第一号)	×	○ ※複数のグループが複数の宿泊室に宿泊する場合のみ	×	○ ※複数のグループが複数の宿泊室に宿泊する場合のみ
その他の安全措置 (第二第二号イ～ホ)	○※2		×	

　　　　　　　　　　　　　　　○：適用あり (原則措置が必要)　×：適用なし (特段の措置不要)
※1　届出住宅に住宅宿泊事業者が居住しており、不在 (法第11条第1項第2号の一時的なものは除く。) とならない場合を指す。(不在については、2－2.(7)③一時的な不在に関する考え方についてを参照。)
※2　宿泊者の使用に供する部分等の床面積や階数が一定以下である届出住宅の場合は不要となる。

②　避難経路の表示にあたっての留意事項について
　・　国規則第1条第2号に規定する「避難経路」の表示にあたっては、市町村の火災

予防条例により規制される地域もあることから、当該条例の規制内容を確認し、規定された事項を表示に盛り込む必要がある。

・　住宅周辺の状況に応じ、災害時における宿泊者の円滑かつ迅速な避難を確保するため、住宅宿泊事業者等が宿泊者に対して避難場所等に関する情報提供を行うことが望ましい。

③　消防法令との関係について

・　法第6条に基づく安全措置のほか、消防法令に基づき設備や防火管理体制等に関する規制を受ける場合や、市町村の火災予防条例に基づき防火対象物使用開始届出書の提出が必要となる場合があるため、当該規制の適用の有無等について、届出の前に建物の所在地を管轄する消防署等に確認する必要がある（「住宅宿泊事業法に基づく届出住宅等に係る消防法令上の取扱いについて（通知）」（平成29年10月27日付消防予第330号）を参照）。

(3)　外国人観光旅客である宿泊者の快適性及び利便性の確保について（法第7条関係）

①　必要な措置の実施方法等について

・　法第7条に規定する措置の実施にあたっては、必要な事項が記載された書面を居室に備え付けることによるほか、タブレット端末への表示等により、宿泊者が届出住宅に宿泊している間必要に応じて閲覧できる方法によることが望ましい。特に、災害時等の通報連絡先においては、緊急時にすみやかに確認することが可能なものを備え付けておくものとする。

・　法第7条の「外国語」とは、宿泊予約の時点で日本語以外の言語として提示したものとする。なお、当該時点において、外国人宿泊者が日本語を指定した場合は、外国語で案内等を行う必要はない。

・　国規則第2条第2号に規定する「移動のための交通手段に関する情報」とは、最寄りの駅等の利便施設への経路と利用可能な交通機関に関する情報をいう。

・　国規則第2条第3号に規定する「火災、地震その他の災害が発生した場合における通報連絡先に関する案内」とは、消防署、警察署、医療機関、住宅宿泊管理業者への連絡方法の情報を提供することをいう。

(4)　宿泊者名簿の備付け（法第8条関係）

①　本人確認の方法等について

・　国・厚規則第7条第1項柱書に規定する「宿泊者名簿の正確な記載を確保するための措置」として、宿泊行為の開始までに、宿泊者それぞれについて本人確認を行う必要がある。

・　上記の措置は、対面又は対面と同等の手段として以下のいずれも満たすICT（情報通信技術）を活用した方法等により行われる必要がある。

　　A　宿泊者の顔及び旅券が画像により鮮明に確認できること。

　　　　B　当該画像が住宅宿泊事業者や住宅宿泊管理業者の営業所等、届出住宅内又は
　　　　　　届出住宅の近傍から発信されていることが確認できること。
　　　なお、当該方法の例としては、届出住宅等に備え付けたテレビ電話やタブレット
　　端末等による方法が考えられる。
　・　本人確認の際の警察への協力等については、「住宅宿泊事業法の施行に伴う宿泊
　　者名簿への記載等の徹底に関する依頼について」（平成29年警察庁丁備企発第246号・
　　警察庁丁国テ発第489号）を受け、下記1から4の内容について、「住宅宿泊事業法
　　に基づく宿泊者名簿への記載等の徹底について」（平成29年薬生衛発1222第1号生
　　活衛生課長通知・平成29年観観産第602号観光産業課長通知）により各都道府県等
　　の住宅宿泊事業主管部局長に対し、住宅宿泊事業者及び住宅宿泊管理業者へ周知、
　　指導の徹底を要請し、また、「住宅宿泊事業法に基づく宿泊者名簿への記載等の徹
　　底について」（平成29年国土動第112号不動産業課長通知）により地方整備局長、北
　　海道開発局長又は沖縄総合事務局長（以下「地方整備局長等」という。）に対し、
　　住宅宿泊管理業者へ周知、指導の徹底を要請しているところであり、住宅宿泊事業
　　者等はこれに従って本人確認を行う必要がある。
　　1　宿泊者に対し、宿泊者名簿への正確な記載を働きかけること。
　　2　日本国内に住所を有しない外国人宿泊者に関しては、宿泊者名簿の国籍及び旅
　　　券番号欄への記載を徹底し、旅券の呈示を求めるとともに、旅券の写しを宿泊者
　　　名簿とともに保存すること。なお、旅券の写しの保存により、当該宿泊者に関す
　　　る宿泊者名簿の氏名、国籍及び旅券番号の欄への記載を代替しても差し支えない。
　　3　営業者の求めにも関わらず、当該宿泊者が旅券の呈示を拒否する場合は、当該
　　　措置が国の指導によるものであることを説明して呈示を求め、さらに拒否する場
　　　合には、当該宿泊者は旅券不携帯の可能性があるものとして、最寄りの警察署に
　　　連絡する等適切な対応を行うこと。
　　4　警察官からその職務上宿泊者名簿の閲覧請求があった場合には、捜査関係事項
　　　照会書の交付の有無に関わらず、当該職務の目的に必要な範囲で協力すること。
　　　　なお、当該閲覧請求に応じた個人情報の提供は、捜査関係事項照会書の交付を
　　　受けない場合であっても、個人情報の保護に関する法律（平成15年法律第57号）
　　　第23条第1項第4号に基づく適正な措置であり、本人の同意を得る必要はないも
　　　のと解される。
②　宿泊者名簿等について
　・　宿泊者名簿には、宿泊者全員を記載する必要があり、代表者のみの記載は認めら
　　れない。また、宿泊契約（宿泊グループ）ごとに宿泊者が分かるように記載するこ
　　ととする。
　・　宿泊者名簿の推奨様式は別途定める。
③　その他留意事項について
　・　国・厚規則第7条第2項第2号に規定する「住宅宿泊事業者の営業所又は事務所」
　　とは、住宅宿泊事業者の住宅宿泊管理業務の拠点等である。
　・　長期滞在者には、定期的な清掃等の際に、チェックイン時に本人確認を行ってい

ない者が届出住宅に宿泊するようなことがないよう、不審な者が滞在していないか、滞在者が所在不明になっていないか等について確認することが望ましい。特に宿泊契約が7日以上の場合には、定期的な面会等により上記の確認を行う必要がある。

(5) 周辺地域の生活環境への悪影響への防止に関し必要な事項の説明（法第9条関係）

① 必要な事項の説明方法について
・ 国・厚規則第8条第1項に規定する「書面の備付けその他の適切な方法」とは、必要な事項が記載された書面を居室に備え付けることによるほか、タブレット端末での表示等により、宿泊者が届出住宅に宿泊している間に必要に応じて説明事項を確認できるようにするためのものである。このため、必ずしも対面による説明が求められるものではない。
・ また、書面等の備付けにあたっては、宿泊者の目につきやすい場所に掲示する等により、宿泊者の注意喚起を図る上で効果的な方法で行う必要がある。
・ 当該説明が確実になされるよう、居室内に電話を備え付けること等により、事前説明に応じない宿泊者に対し注意喚起できるようにする必要がある。

② 騒音の防止のために配慮すべき事項について
・ 国・厚規則第8条第2項第1号に規定する「騒音の防止のために配慮すべき事項」とは、大声での会話を控えること、深夜に窓を閉めること、バルコニー等屋外での宴会を開かないこと、届出住宅内は楽器を使用しないこと等が想定されるが、住宅宿泊事業者は、届出住宅及びその周辺地域の生活環境に応じ適切な内容を説明することが必要である。

③ ごみの処理に関し配慮すべき事項について
・ 住宅宿泊事業に起因して発生したごみの取扱いは、廃棄物の処理及び清掃に関する法律（昭和45年法律第137号）に従い、当該ごみは事業活動に伴って生じた廃棄物として住宅宿泊事業者が責任をもって処理しなければならない。
・ 国・厚規則第8条第2項第2号に定める「ごみの処理に関し配慮すべき事項」とは、宿泊者のごみによる届出住宅の周辺地域における生活環境への悪影響を防止するため、住宅宿泊事業者は、宿泊者に対し、宿泊者が届出住宅内で排出したごみについて、当該市町村における廃棄物の分別方法等に沿って、住宅宿泊事業者の指定した方法（届出住宅内の適切な場所にごみを捨てること等を含む。）により捨てるべきであること等を説明する必要がある。

④ 火災の防止のために配慮すべき事項について
・ 国・厚規則第8条第2項第3号に規定する「火災の防止のために配慮すべき事項」とは、ガスコンロの使用のための元栓の開閉方法及びその際の注意事項、初期消火のための消火器の使用方法、避難経路、通報措置等が想定されるが、住宅宿泊事業者は、届出住宅及びその周辺地域の生活環境に応じ適切な内容を説明する必要がある。

⑤ 外国語を用いた説明について

- 　外国語の扱いについては2－2.⑶外国人観光旅客である宿泊者の快適性及び利便性の確保についての整理のとおりとする。
⑥　その他配慮すべき事項について
- 　国・厚規則第8条第2項第4号に規定する「届出住宅の周辺地域の生活環境への悪影響の防止に関し必要な事項」とは、性風俗サービスを届出住宅内で利用しないことなど、過去の苦情内容を踏まえ、届出住宅の利用にあたって特に注意すべき事項のことである。なお、苦情が多発しているにもかかわらず法第9条の説明において何ら対応を講じない場合には業務改善命令等の対象となる。

⑹　周辺地域の住民からの苦情等への対応（法第10条関係）

①　苦情等への対応について
- 　深夜早朝を問わず、常時、応対又は電話により対応する必要がある。
- 　宿泊者が滞在していない間も、苦情及び問合せについては対応する必要がある。
- 　誠実に対応することが必要であり、例えば、回答を一時的に保留する場合であっても、相手方に回答期日を明示した上で後日回答する等の配慮が必要である。
- 　滞在中の宿泊者の行為により苦情が発生している場合において、当該宿泊者に対して注意等を行っても改善がなされないような場合には、現場に急行して退室を求める等、必要な対応を講じることとする。また、住宅宿泊管理業務の委託を受けた住宅宿泊管理業者が退室を求める場合には、宿泊契約の解除の権限を予め委託者から得ておくことが望ましい。
- 　苦情及び問合せが、緊急の対応を要する場合には、必要に応じて、警察署、消防署、医療機関等の然るべき機関に連絡したのち、自らも現場に急行して対応することが必要である。

⑺　住宅宿泊管理業務の委託（法第11条第1項関係）

①　委託について
- 　法第11条第1項に基づき、届出住宅に係る住宅宿泊管理業務を住宅宿泊管理業者に委託する場合は、一の住宅宿泊管理業者に委託しなくてはならず、複数の者に分割して委託することや、住宅宿泊管理業務の一部を住宅宿泊事業者が自ら行うことは認めないこととする。ただし、住宅宿泊管理業務の委託を受けた住宅宿泊管理業者が、他の者に住宅宿泊管理業務を一部に限り再委託することは差し支えない。
- 　委託義務の対象となる住宅宿泊管理業務の範囲は、法第2条第5項に規定するとおりであるが、届出住宅の維持保全に係る業務については、1－1.⑶住宅宿泊管理業務の定義の解釈を踏まえた上で、管理受託契約において対象範囲を明確に定める必要がある。
- 　法第11条第1項の委託は、管理受託契約で定める住宅宿泊管理業務の実施期間の始期においてなされたものと解される。したがって、委託の実施により国・厚規則

第4条第4項第1号ワに規定する事項が変更となる場合には、当該始期までの間に、住宅宿泊事業者は、都道府県知事等に対して、当該変更内容を届け出る必要がある。

・　国・厚規則第9条第4項第1号に規定する「住宅宿泊事業者が当該届出住宅から発生する騒音その他の事業による生活環境の悪化を認識することができないことが明らかであるとき」とは、住宅宿泊事業者が自己の生活の本拠として使用する住宅と届出住宅が同一の共同住宅内にある場合や同一の敷地内にある場合等であっても、敷地が広範であるためそれぞれの住戸の距離が著しく離れている場合その他の自己の生活の本拠にいながら届出住宅で発生する騒音等を認識できないことが明らかである場合が該当する。

② 住宅宿泊管理業者への通知について

・　法第11条第1項に基づき委託する場合においては、国・厚規則第9条第1項第2号に規定するとおり、住宅宿泊事業者は委託しようとする住宅宿泊管理業者に対し、予め、法第3条第2項の届出書及び同条第3項の添付書類の内容を通知する必要がある。この際に通知する内容は、当該委託による届出事項の変更を反映する必要はなく、当該委託以前の内容を通知することで足りる。通知の方法は、電磁的な手段によることも差し支えない。

③ 一時的な不在に関する考え方について

・　国・厚規則第9条第3項に規定する「日常生活を営む上で通常行われる行為」とは、生活必需品の購入等を想定したものであり、業務等により継続的に長時間不在とするものは該当しない。

・　国・厚規則第9条第3項に規定する「日常生活を営む上で通常行われる行為に要する時間」とは、届出住宅が所在する地域の事情等を勘案する必要があるため、一概に定めることは適当ではないが、原則1時間とする。ただし、生活必需品を購入するための最寄り店舗の位置や交通手段の状況等により当該行為が長時間にわたることが想定される場合には、2時間程度までの範囲とする。

・　なお、住宅宿泊事業者は届出住宅を一時的に不在にする場合においても、宿泊者の安全の確保に努めることとする。

・　国・厚規則第9条第3項に規定する「不在」とは、住宅宿泊事業者が届出住宅を不在にすることをいい、住宅宿泊事業者ではない他者が届出住宅に居たとしても、住宅宿泊事業者自身が不在としている場合は「不在」として取り扱われることとなる。

④ その他の留意事項について

・　本条に基づく住宅宿泊管理業者への委託をしている間に必ず不在にしなくてはならないということはない。住宅宿泊事業者が届出住宅にいる間においても、法第11条第2項の規定は適用される。本条に基づかない委託によって常時届出住宅内にいる住宅宿泊事業者（住宅宿泊管理業者に委託をせずに住宅宿泊管理業務を行う届出住宅の居室の数の合計が5以下の者に限る。）が、清掃等の一部の事実行為を住宅宿泊管理業者ではない専門業者に行わせることは可能である。この場合において、法第5条から第10条までの規定は住宅宿泊事業者に適用される。

(8)　標識の掲示（法第13条関係）

① 　標識の掲示に関する考え方について
- 　標識は、届出住宅の門扉、玄関（建物の正面の入り口）等の、概ね地上1.2メートル以上1.8メートル以下（表札等を掲げる門扉の高さから玄関ドアの標準寸法2メートルの高さ以内）で、公衆が認識しやすい位置に掲示することが望ましい。
- 　標識の掲示に当たっては、ラミネート加工等の風雨に耐性のあるもので作成又は加工を施すことが望ましい。
- 　共同住宅の場合にあっては、個別の住戸に加え、共用エントランス、集合ポストその他の公衆が認識しやすい箇所へ簡素な標識（※）を掲示することが望ましい。なお、分譲マンション（住宅がある建物が二以上の区分所有者が存する建物で人の居住の用に供する専有部分のあるものである場合）の場合は、標識の掲示場所等の取扱いについて、予め管理組合と相談することが望ましい。
- 　戸建て住宅の場合にあっても、届出住宅の門の扉（二世帯住宅等で玄関が複数ある場合や、住宅宿泊事業者が自己の生活の本拠として使用する住宅と届出住宅が同一の敷地内にある場合等）、玄関（門扉から玄関まで離れている場合等）等への掲示によるだけでは、公衆にとって見やすいものとならない場合には、簡素な標識（※）を掲示することが望ましい。
- ※　簡素な標識とは、例えば、標識の一部分を、集合ポスト等の掲示が可能なスペースに合わせて掲示するといった方法が考えられる。

② 　標識の発行に関する考え方について
- 　届出番号、住宅宿泊事業者等の連絡先等の正確な記載を確保し、また、記載事項の把握を容易にする観点等から、都道府県等が標識を発行する場合には、省令の様式に基づき届出を受け付けた都道府県等がその長の名称を記載した上で、発行するものとする。
- 　この際、都道府県等において、様式を変更しない限りにおいて、偽造防止の観点からロゴマークを空いているスペースに記載すること、特殊なシールを貼付すること等様式に上乗せしても差し支えない。

(9)　都道府県知事等への定期報告（法第14条関係）

① 　定期報告の方法について
- 　定期報告は、民泊制度運営システムを利用して行うことを原則とする。

② 　届出事項の内容について
- 　国・厚規則第12条第1項第1号に規定する「届出住宅に人を宿泊させた日数」とは、法第2条第3項及び国・厚規則第3条の規定に基づき算定された日数のことをいう。
- 　国・厚規則第12条第1項第2号に規定する「宿泊者数」とは、実際に届出住宅に宿泊した宿泊者の総数をいう。

- 国・厚規則第12条第1項第3号に規定する「延べ宿泊者数」とは、実際に届出住宅に宿泊した宿泊者について、1日宿泊するごとに1人と算定した数値の合計をいう。例えば、宿泊者1人が3日宿泊した場合は3人となる。
- 国・厚規則第12条第1項第4号に規定する「国籍別の宿泊者数の内訳」とは、「宿泊者数」の国籍別の内訳をいう。

③ 住宅宿泊管理業者から住宅宿泊事業者への報告について
- 法第11条第1項に基づき住宅宿泊管理業務を住宅宿泊管理業者に委託する場合には、宿泊者名簿の記載等を住宅宿泊管理業者が行うことから、当該報告に必要な宿泊者に関する情報を住宅宿泊管理業者が補完的に把握することが想定される。このため、住宅宿泊事業者が確実かつ正確な報告を行うため、必要に応じ、住宅宿泊事業者と住宅宿泊管理業者が締結する管理受託契約において定期的な情報提供について取り決めることが望ましい。

④ その他の留意事項について
- 報告が行われない際には、都道府県知事等は、住宅宿泊事業者に対し連絡を行い、その督促を行うことが必要となる。仮に、連絡が取れない場合等には、必要に応じて現場の確認等を行い、事業の実態がないことが確認された場合には、事業廃止の届出期限が30日間であることから、確認後30日を経過した時点で、当該事業については事業が廃止されたものとみなして差し支えない。

２－３．住宅宿泊事業の監督

(1) 監督（法第15条～法第17条関係）

① 旅館業法との関係に関する考え方について
- 住宅宿泊事業者として届出をした者が、1年間に180日を超えて人を宿泊させ、旅館業法の許可も取得していない場合は、超過した宿泊分については旅館業法第3条第1項に違反することとなる。
- また、法第2条第1項に規定する住宅の定義に該当しなくなった施設において、人を宿泊させた場合にも、旅館業法第3条第1項に違反することとなる。

② 風俗営業等の規制及び業務の適正化等に関する法律との関係等に関する考え方について
- 風俗営業等の規制及び業務の適正化等に関する法律（昭和23年法律第122号。以下「風営法」という。）に関しては、都道府県公安委員会は、店舗型性風俗特殊営業（風営法第2条第6項第1号、第3号又は第4号の営業に限る。以下同じ。）の停止又は廃止の命令（以下「風営法による処分」という。）が行われた場合に、旅館業等を営んでいると称して、引き続き、店舗型性風俗特殊営業が営まれる事態を防止し、風営法による処分の実効性を担保すべく、当該施設を用いて営む旅館業等についても営業の停止を命ずることができることとされている。
- 今般、法附則第5条において風営法第30条第3項を改正し、届出住宅において店

舗型性風俗特殊営業を営む者が風営法違反等をした場合であって、都道府県公安委員会が店舗型性風俗特殊営業を営む者に対し風営法による処分をするときにおいても、当該届出住宅を用いて営む住宅宿泊事業について営業の停止を命ずることができることとした。
- 　届出住宅において、時間貸しなどによって実質的にいわゆるラブホテルの用途として住宅宿泊事業が行われる場合には都道府県警察による風営法に基づく対応のほか、本法に基づく本人確認等が適切に行われないおそれが高いので、業務改善命令、業務停止命令等によって厳格に取締りを行うこととなる。

③　その他の留意事項について
- 　法第15条及び第17条に規定する「住宅宿泊事業の適正な運営を確保するため必要があると認めるとき」とは、本法に基づき住宅宿泊事業者に課された義務が適切に履行されない場合のほか、本法の規定に明確に違反するとはいえない場合であっても、本法の目的等を踏まえ、適正な運営がなされていない場合も該当する。
- 　事業開始後に届出の要件を満たさなくなった場合、住宅宿泊事業を事実上営むことができなくなるため、住宅宿泊事業の廃止の届出をする必要があるが、当該事業者が住宅宿泊事業を廃止しない場合は、業務改善命令により適正に住宅宿泊事業を営める状態に事業の方法を変更すること等を命ずることが必要となる。この業務改善命令に従わない場合は、業務停止等を命ずることが必要となる。
- 　住宅宿泊事業に関する取締り等を民間に委託することについて、本法において、住宅宿泊事業に係る事務の他者への委託に関する規定は設けていないため、民間の事業者への委託は認められず、都道府県等の職員が行う必要がある。ただし、業務効率化の観点から公権力の行使以外の事実行為を民間の事業者に委託することは差し支えない。

２−４．その他

(1)　条例による住宅宿泊事業の実施の制限（法第18条関係）
＜基本的な考え方＞
　本法は、全国的に一定のルールを作り、健全な民泊の普及を図るものであり、当該ルールの下で、住宅宿泊事業の実施を可能としている。本法の趣旨を踏まえると、住宅宿泊事業に対して、事業の実施そのものを制限するような過度な制限を課すべきではないが、生活環境の悪化を防止する観点から必要があるときは、本条に基づき、合理的と認められる限度において一定の条件の下で例外的に住宅宿泊事業の実施を制限することを認めている。

①　政令に定める基準の考え方について
- 　住宅宿泊事業に起因する事象による生活環境の悪化を防止する必要性は個々の区域によって異なるものであることから、住宅宿泊事業の実施の制限は各区域の実情に応じてきめ細やかに行う必要がある。その実施を極端に制限するという運用を抑制するため、制限が合理的に必要と認められる限度であることに加え、制限を行う

区域及び期間について、一定の留保条件を課している。

・　住宅宿泊事業法施行令（平成29年政令第273号）第1条第2号に規定する「土地利用の状況その他の事情」については、文教施設が立地していること、道路や公共交通の整備が十分に行われていないこと等が勘案事項になりうる。

・　住宅宿泊事業法施行令第1条第3号に規定する「宿泊に対する需要の状況その他の事情」については、季節的な需要の極端な集中等が、勘案事項になりうる。

・　区域の設定において、例えば、都道府県等の内の「住居専用地域」全域を対象とするなど、かなり広範な区域を制限の対象とすることを検討する場合には、住居専用地域を含めて全国的に健全な民泊サービスの普及を図ることとした本法の目的を十分踏まえるとともに、各地域毎に住宅宿泊事業に伴う騒音等が当該地域の生活環境にもたらす影響等についてきめ細やかに検討を行うなど、合理的に必要と認められる限度において、特に必要である範囲で区域が設定されているかどうかについて特に十分な検証を行い、本法の目的や法第18条の規定に反することがないようにする必要がある。

・　同様に、期間の設定において、月や曜日を特定して設定し、その結果、年間の大半が制限の対象となるような場合には、当該制限を行うことによって、当該区域の生活環境に悪影響がもたらされることが想定しがたい期間も含めて当該区域における営業が事実上できなくなるなど、合理的に必要と認められる限度を超えて過度な制限となっていないか等について特に十分な検証を行い、本法の目的や法第18条の規定に反することがないようにする必要がある。

② ゼロ日規制等に対する考え方について

・　本法は住宅宿泊事業を適切な規制の下、振興するというものであり、本法に基づく条例によって年間全ての期間において住宅宿泊事業の実施を一律に制限し、年中制限することや、都道府県等の全域を一体として一律に制限すること等は、本法の目的を逸脱するものであり、適切ではない。

・　本法では登録された住宅宿泊管理業者への委託義務等により、家主不在型であっても、家主居住型と同様に事業の適正な運営の確保が図られていることから、家主居住型と家主不在型を区分して住宅宿泊事業の制限を行うことは適切ではない。

　　ただし、例えば、家主不在型の民泊客の急激な増大に起因して生活環境が悪化するような特別な場合等合理的に認められる限度において、類型ごとに制限することまでを否定するものではない。

③ 条例の検討にあたっての留意事項について

・　法第18条に基づく条例の検討にあたっては、本条に関する国会での審議や、「生活環境の維持保全や地域の観光産業の育成・促進の必要性等それぞれの地域の実情や宿泊ニーズに応じた住宅宿泊事業の制度運用が可能となる」こと等の附帯決議等も踏まえ、地域の様々な声を聴取しながらその必要性を適切に判断する必要がある。

・　国・厚規則第14条により、都道府県等が条例を定めようとする場合には、その区域内の市町村に意見を求めることとされているが、条例の検討段階から、都道府県等と市町村が十分に意思疎通を行い、当該市町村の意向を踏まえて検討が進められ

　　ることが望ましい。また、当該市町村の意見を聴取する際には、きめ細かく地元の
　　意見を把握できるよう、市町村議会等の意見も可能な限り広く聴取する必要がある。
④　その他条例制定に係る事項について
・　当該条例においては、少なくとも制限する区域及び期間については、具体的な区
　　域及び期間を特定して明確に定めることが適当である。
・　法第18条に基づき制定される条例の公布の前に、当該条例による住宅宿泊事業の
　　制限地域において住宅宿泊事業を営む旨の届出をした者（準備行為期間に届出をし
　　た者を含む。）に対する制限の適用については、経過措置等の特段の定めがない限
　　り、施行日から対象事業者への制限は適用されることとなるが、生活環境の悪化を
　　防止する緊急性や、事業者の既得の権利等を比較衡量した上で、各都道府県等にお
　　いて経過措置の必要性等を検討する必要がある。なお、条例の制定にあたっては、
　　公布の前に十分な周知を図る等届出しようとする者が事業の実施について適切に判
　　断できるような情報提供等の配慮を行うことが望ましい。
・　当該条例による制限に違反した場合について、本法の罰則は適用できないため、
　　必要な罰則等は、条例において定める必要がある。

【区域及び期間の設定のイメージ】
　　以下に、条例制定に当たってのイメージを例示する。なお、これらの事例はあく
まで例示であり、制限される区域の範囲、期間の妥当性、必要性等については、各
都道府県等で個々具体的に検討の上、判断される必要がある。

A　静穏な環境の維持及び防犯の観点から学校・保育所等の近隣地域において、住
　宅宿泊事業を実施することにより、学校・保育所等の運営に支障をきたすほどに、
　現状では保たれているその生活環境が悪化するおそれのある場合
　　区域：当該施設周辺の一定の地域
　　期間：月曜日から金曜日まで（学校の長期休暇中は除く。）

B　静穏な環境を求める住民が多く滞在する別荘地において、住宅宿泊事業を実施
　することにより、現状では保たれているその生活環境が悪化するおそれのある場
　合
　　区域：別荘地内
　　期間：別荘地の繁忙期となる時期

C　狭隘な山間部等にあり、道路事情も良好でない集落において、住宅宿泊事業を
　実施することにより、道路等の混雑や渋滞を悪化させ、日常生活を営むことに支
　障が生じ、生活環境を損なうおそれのある場合
　　区域：当該集落地域
　　期間：紅葉時期等例年道路渋滞等が発生する時期
　　※　駐車場が無い、あるいは、公共交通が著しく不足している等の事情のある

場合には、都市部でも同様の考え方により地域・区間を定めることはあり得る。

※　本例示はあくまで視点を提供しているにすぎず、これらの事例であれば必ず条例の制定が可能であるという趣旨ではなく、また、これらの事例に限って条例の制定が可能であるという趣旨でもない。

(2)　保健所設置市等及びその長による住宅宿泊事業等関係行政事務の処理（法第68条関係）

・　本条によらず、地方自治法（昭和22年法律第67号）第252条の17の2に基づく事務処理の特例により、都道府県知事の権限に属する事務の一部を、条例の定めるところにより、市町村が処理することとすることは可能である。

3－1．住宅宿泊管理業の登録の申請等

(1)　住宅宿泊管理業の登録の申請（法第23条1項関係）

①　登録の申請の方法について
・　登録の申請は、民泊制度運営システムを利用して行うことを原則とする。

②　登録の申請等の様式の記載についての留意事項について
(a)　住宅宿泊管理業者登録申請書（国規則第1号様式）
・　申請者が法人である場合は、登録申請者の「商号又は名称」には、当該事項を記入し、「氏名」には、当該法人の代表者の氏名を記入した上で、押印又は署名をすることとする。申請者が個人である場合は、「商号又は名称」がある場合は、当該事項を記入し、「氏名」には、申請者の氏名を記入した上で、押印又は署名をすることとする。
・　申請者又は法定代理人が法人である場合は、「商号、名称又は氏名及び住所」、「法定代理人に関する事項」、「法定代理人の代表者に関する事項（法人である場合）」、「法定代理人の役員に関する事項（法人である場合）」、「役員に関する事項（法人である場合）」について、登記事項証明書に記載された情報を記入することとする。
・　申請者（個人の場合）、代表者、法定代理人（個人の場合）、法定代理人の代表者、法定代理人の役員並びに役員の氏名及び住所については、住民票に記載された氏名及び住所を記入することとする。
・　「法定代理人の役員に関する事項（法人である場合）」については、法定代理人の役員全員について記載することとする。
・　「役員に関する事項（法人である場合）」については、法人の役員全員について記載することとする。

(b) 誓約書（国規則第4号様式）
- 「商号又は名称」には、当該事項を記入し、「代表者の氏名」には、法人の代表者の氏名を記入した上で、押印又は署名をすることとする。

(c) 誓約書（国規則第6号様式）
- 「氏名」には、申請者の氏名を記入した上で、押印又は署名をすることとする。申請者が未成年者である場合において、法定代理人が法人である場合は、「商号又は名称」には、当該事項を記入し、「氏名」には、法人の代表者の氏名を記入した上で、押印又は署名をすることとする。

(d) 登録事項変更届出書（国規則第7号様式）
- (a) 住宅宿泊管理業者登録申請書（国規則第1号様式）と同様。

(e) 廃業等届出書（国規則第8号様式）
- 「氏名」については、届出者の氏名を記入した上で、押印又は署名をすることとする。
- 「商号、名称又は氏名」については、住宅宿泊管理業者登録申請書（国規則第1号様式）に記入したとおり記入することとする。

(f) 標識（国規則第10号様式）
- 「商号、名称又は氏名」及び「主たる営業所又は事務所の所在地」については、住宅宿泊管理業者登録申請書（国規則第1号様式）に記入したとおり記入することとする。

③ 申請に対する処分に係る標準処理期間について
- 法第23条第1項に基づく申請に対する処分に係る標準処理期間については、原則として、地方整備局長等に当該申請が到達した日の翌日から起算して当該申請に対する処分の日までの期間を90日とする。
- なお、適正な申請を前提に定めるものであるから、形式上の要件に適合しない申請の補正に要する期間はこれに含まれない。また、適正な申請に対する処理についても、審査のため、相手方に必要な資料の提供等を求める場合にあっては、相手方がその求めに応ずるまでの期間はこれに含まれないこととする。

(2) 営業所又は事務所について（法第23条第1項第4号関係）

① 営業所又は事務所の範囲について
- 本号に規定する「営業所又は事務所」とは、商業登記簿等に登載されたもので、継続的に住宅宿泊管理業の営業の拠点となる施設としての実体を有するものが該当し、住宅宿泊管理業を営まないものは該当しないものとする。なお、登記していない個人にあっては、当該住宅宿泊管理業者の営業の本拠が営業所又は事務所に該当

するものとする。

② 実態のない営業所又は事務所について

・ 営業所又は事務所の実態がない場合は、住宅宿泊事業者等と連絡対応を行うことができず、住宅宿泊管理業を的確に遂行するための必要な体制が整備されているものとは認められない。

(3) 住宅宿泊管理業の登録申請の添付書類（法第23条第2項関係）

① 各添付書類について

・ 添付書類において必要な官公署が証明する書類は、申請日前3月以内に発行されたものであるものとし、官公署から発行された書類を提出することとする（写し等は認められない。）。

・ 国規則第6条第1項第1号イに規定する「定款又は寄附行為」は、商号、事業目的、役員数、任期及び主たる営業所又は事務所の所在地が登記事項証明書の内容と一致しているものであって、現在効力を有するものとする。

・ 国規則第6条第1項第1号ロ及び第2号ホに規定する「登記事項証明書」は、履歴事項全部証明書とする。

・ 国規則第6条第1項第1号ニに規定する「役員が、成年被後見人及び被保佐人に該当しない旨の後見等登記事項証明書」は、外国籍の役員においては、第6条第1項第1号ホの書類と重複するため、ニの書類については提出する必要はない。

・ 国規則第6条第1項第1号ホに規定する「役員が、民法の一部を改正する法律（平成十一年法律第百四十九号）附則第三条第一項及び第二項の規定により成年被後見人及び被保佐人とみなされる者並びに破産手続開始の決定を受けて復権を得ない者に該当しない旨の市町村の長の証明書」は、外国籍の役員においては、日本国政府の承認した外国政府又は権限のある国際機関の発行した書類その他これに準じるもので、成年被後見人及び被保佐人並びに破産手続開始の決定を受けて復権を得ない者と同様に取り扱われている者に該当しない旨を証明する書類とする。当該書類が存在しない場合は、「これに代わる書面」として、成年被後見人及び被保佐人並びに破産手続開始の決定を受けて復権を得ない者に相当するものに該当しない者であることを公証人又は公的機関等が証明した書類を提出することとする。

・ 国規則第6条第1項第1号チに規定する「最近の事業年度における貸借対照表及び損益計算書」は

（ⅰ） 最も新しい確定した決算書を添付すること。

（ⅱ） 新規設立の法人で、最初の決算期を迎えていない場合は、開業貸借対照表（会社の設立時や会社の開業時に作成される貸借対照表のことをいう。）を添付するのみで足り、損益計算書及び国規則第6条第1項第1号ハに規定する「法人税の直前一年の各年度における納付すべき額及び納付済額を証する書面」の添付は省略することができる。

・ 国規則第6条第1項第1号リ（同項第2号チに規定するものを含む。）に規定す

る「住宅宿泊管理業を的確に遂行するための必要な体制が整備されていることを証する書類」は、下記のとおりとする。

（ⅰ）「管理受託契約の締結に係る業務の執行が法令に適合することを確保するための必要な体制」（国規則第９条第１号関係）を証する書類は、個人の場合には住宅の取引又は管理に関する２年以上の実務経験が記載された職務経歴書、宅地建物取引業法（昭和27年法律第176号）に規定する宅地建物取引士証の写し、マンションの管理の適正化の推進に関する法律（平成12年法律第149号）に規定する管理業務主任者証の写し又は一般社団法人賃貸不動産経営管理士協議会の賃貸不動産経営管理士資格制度運営規程に基づく賃貸不動産経営管理士証の写し、法人の場合には住宅の取引又は管理に関する２年以上の事業経歴が記載された事業経歴書、宅地建物取引業法に規定する宅地建物取引業の免許証の写し、マンションの管理の適正化の推進に関する法律に規定するマンション管理業の登録の通知書の写し、賃貸住宅管理業者登録規程（平成23年国土交通省告示第998号）に規定する賃貸住宅管理業の登録の通知書の写し又は要件を満たす従業者を有する場合における当該従業者についての上記の書類とする。

（ⅱ）「住宅宿泊管理業務を適切に実施するための必要な体制」（国規則第９条第２号関係）を証する書類は、人員体制図、ICT等を用いて遠隔で業務を行うことを予定している場合には使用する機器の詳細を記載した書面とする。また、再委託による人員の確保を予定している場合には、再委託先に求める人員体制の要件を記載した書面も併せて提出することとする。

② 登録申請の添付書類の一部省略について（国規則第６条第３項関係）
・ 宅地建物取引業法第２条第３号に規定する宅地建物取引業者及びマンションの管理の適正化の推進に関する法律第２条第８号に規定するマンション管理業者が登録申請する場合で法人の場合にあっては、国規則第６条第１項第１号イからチまでに掲げる書類、個人の場合にあっては、国規則第６条第１項第２号イからヘまでに掲げる書類をそれぞれ省略することができる。
・ 賃貸住宅管理業者登録規程第２条第４項に規定する賃貸住宅管理業者が登録申請する場合で法人の場合にあっては、国規則第６条第１項第１号イからホまで及びチに掲げる書類、個人の場合にあっては、国規則第６条第１項第２号イからハまで、ホ及びへに掲げる書類をそれぞれ省略することができる。

(4) 登録番号の取り扱い（法第24条第１項関係）
・ 登録番号は、地方整備局単位ではなく全国を通して、登録をした順に付与することとする。
・ 登録番号の（　）書きには、登録の更新の回数に１を加えた数を記入するものとする。
・ 登録が効力を失った場合の登録番号は欠番とし、補充は行わないものとする。

(5) 登録における申請者及び都道府県知事等への通知（法第24条第２項関係）

- 登録における申請者への通知について、民泊制度運営システムを利用する申請者に対しては、当該システムに登録されたメールアドレスに登録番号等の通知を行うものとする。なお、当該システムを利用しない申請者に対しては、別途定める様式を用いて郵送等の方法により通知を行うものとするが、申請時において、申請者自身で用意した封筒に住所・宛名を明記し、所要の切手を貼付したものを登録申請書類等と一緒に提出すること。また、都道府県知事等への通知については、当該システムを介して行うものとする。

(6) **財産的基礎要件（法第25条第1項第10号関係）**
- 国規則第8条第2号に規定する「支払不能に陥っていないこと」とは、債務者が支払能力の欠乏のため弁済期にある全ての債務について継続的に弁済することができない客観的状態のことをいう。なお、支払能力の欠乏とは、財産、信用、あるいは労務による収入のいずれをとっても債務を支払う能力がないことを意味する。

(7) **「住宅宿泊管理業を的確に遂行するための必要な体制が整備されていない者」（法第25条第1項第11号関係）**

① **「管理受託契約の締結に係る業務の執行が法令に適合することを確保するための必要な体制が整備されていると認められない者」について（国規則第9条第1号関係）**
- 本要件における必要な体制とは、住宅の管理に関する責任の所在及び費用の負担等について契約上明らかにし、適切に契約締結できる人的構成が確保されていることをいう。住宅の取引又は管理に関する契約に係る依頼者との調整、契約に関する事項の説明、当該事項を記載した書面の作成及び交付といった、契約実務を伴う業務に2年以上従事した者であること又はそれらの者と同等の能力を有すると認められることが必要である。申請者が個人である場合には、宅地建物取引業法に規定する宅地建物取引士の登録を受けていること、マンションの管理の適正化の推進に関する法律に規定する管理業務主任者の登録を受けていること、一般社団法人賃貸不動産経営管理士協議会の賃貸不動産経営管理士資格制度運営規程第31条に基づく登録を受けていることのいずれかが満たされている場合にも、同等の能力を有するものとみなす。また、申請者が法人である場合には、上記の要件を満たす者を従業者として有すること、当該法人が宅地建物取引業法に規定する宅地建物取引業者の免許を受けていること、マンションの管理の適正化の推進に関する法律に規定するマンション管理業者の登録を受けていること、賃貸住宅管理業者登録規程に規定する賃貸住宅管理業者の登録を受けていることのいずれかが満たされている場合にも、同等の能力を有するものとみなす。
② **「住宅宿泊管理業務を適切に実施するための必要な体制が整備されていると認められない者」について（国規則第9条第2号関係）**
- 法第7条の措置、法第8条の規定による宿泊者名簿の正確な記載を確保するための措置、法第9条の説明、法第10条の規定による苦情及び問合せへの応答について、

ICT等を用いて遠隔で業務を行うことを予定している場合には、宿泊者との連絡の必要が生じた場合にすみやかに、かつ、確実に連絡がとれる機能を備えた機器の設置等を行う必要があり、登録の申請の際に、それぞれ具体的な方法を明らかにする必要がある。再委託先の事業者がこれらの方法を用いる場合には、再委託が予定される者の情報を含めて登録の申請を行うこととする。また、これらの場合において、住宅宿泊事業者との間で住宅宿泊管理業務の委託を受けている間、常時、宿泊者と連絡を取ることが可能な人員体制を備える必要があり、住宅宿泊管理業者（自社の従業者を含む。）又は再委託先の従業者の交代制によって、従業者が苦情対応で現地に赴いている間も、別の苦情に応答可能であるような体制を常時確保しなければならない。

・　旅館業法の許可を受けた施設の営業者であって、玄関帳場を設けている等の事情がある者が住宅宿泊管理業者の登録の申請を受けようとする場合には、常時、宿泊者と連絡を取ることが可能な体制を有しているものとみなして差し支えない。ただし、ICT等を用いて上記の業務を行う場合には、同様に、具体的な方法を明らかにする必要がある。

(8)　変更の届出等（法第26条関係）

① 　変更の届出方法について
・　届出は、民泊制度運営システムを利用して行うことを原則とする。
② 　変更の届出の処理について
・　変更事項が、地方整備局長等の管轄区域を超える主たる営業所又は事務所の変更である場合には、次により取り扱うものとする。
　　A　変更の届出を受けた変更後の主たる営業所又は事務所の所在地を管轄する地方整備局長等は、住宅宿泊管理業者登録簿に届出者に係る登載事項を追加した旨を変更前の主たる営業所又は事務所の所在地を管轄する地方整備局長等に通知するものとする。
　　B　当該通知を受けた地方整備局長等は、住宅宿泊管理業者登録簿から当該届出者に係る登載事項を削除するとともに、必要な書類を変更後の主たる営業所又は事務所の所在地を管轄する地方整備局長等に送付するものとする。

(9)　登録事項変更届出書への添付書類（法第26条第4項関係）

① 　法人の役員における変更事項について（国規則第10条第2項）
・　変更に係る事項が法人の役員の氏名であるときには、新しく役員に就任する場合も含むものとする。
② 　変更に係る事項が法人の場合に必要な添付書類について
・　商号、名称及び住所の変更の場合には、国規則第6条第1項第1号ロの書類を添付する必要がある。

- 　法人の役員の就任（変更）の場合には、国規則第6条第1項第1号ロ、ニからヘまでに掲げる書類及び当該役員が法第25条第1項第8号に該当しないことを誓約する書面を添付する必要がある。退任（変更）の場合には、国規則第6条第1項第1号ロに掲げる書類の添付のみで足りる。
- 　法人の役員の氏名が変更される場合（結婚などで姓名が変更する場合）において、変更後の氏名が商業登記簿に記載されているときは、国規則第6条第1項第1号ロ、ニからヘまでに掲げる書類及び当該役員が法第25条第1項第8号に該当しないことを誓約する書面を添付する必要がある。ただし、変更後の氏名で商業登記簿に記載されていないときは、変更届出そのものを行う必要がない。
- 　現在の取締役が監査役に就任（変更）するなど社内で他の役職に就任する場合は、国規則第6条第1項第1号ニ及びホに掲げる書類の添付を省略することができる。
- 　主たる営業所又は事務所における所在地の変更及び従たる営業所又は事務所における新設、廃止及び所在地の変更の場合においては、国規則第6条第1項第1号ロに掲げる書類を添付する必要がある。ただし、従たる営業所又は事務所における新設、廃止及び所在地の変更の場合で、営業所又は事務所が商業登記簿に記載されていないときは添付する必要がない。

③　**変更に係る事項が個人の場合に必要な添付書類について**
- 　個人の氏名が変更される場合（結婚などで姓名が変更する場合）には、戸籍謄（抄）本を添付することとする。
- 　法定代理人が法人である場合には国規則第6条第1項第2号ホ及びト、法定代理人が個人である場合には国規則第6条第1項第2号ロからニまで及びトに掲げる書類を添付することとする。
- 　法定代理人（法人）の役員の就任（変更）の場合には、国規則第6条第1項第2号ロからホまでに掲げる書類及び当該役員が法第25条第1項第8号に該当しないことを誓約する書面を添付する必要がある。退任（変更）の場合には、国規則第6条第1項第2号ホに掲げる書類の添付のみで足りる。
- 　法定代理人（法人）の役員の氏名が変更される場合（結婚などで姓名が変更する場合）において、変更後の氏名で商業登記簿に記載されているときは、国規則第6条第1項第2号ロからホまでに掲げる書類及び当該役員が法第25条第1項第8号に該当しないことを誓約する書面を添付する必要がある。ただし、変更後の氏名で商業登記簿に記載されていないときは、変更届出そのものを行う必要がない。

④　**相続人等による変更における取り扱いについて**
- 　個人で地方整備局長等の登録を受けた者の相続人等が引き続き住宅宿泊管理業を営むためには、変更届出による変更は認められず、新たに登録の申請を行う必要がある。

⑽　**廃業等の届出（法第28条関係）**
- 　一時的な休業の場合は、廃業届を提出する必要は無い。
- 　1年以上業務を行っていない場合には、法第42条第4項の規定により、登録取消

しの対象となる。

３－２．住宅宿泊管理業の業務

(1) 公正誠実義務（法第29条関係）
- 　住宅宿泊管理業を営む者は、住宅宿泊管理業の専門家として、専門的知識をもって適切な住宅宿泊管理業務を行い、住宅宿泊事業者が安心して住宅宿泊管理業務を委託することができる環境を整備することが必要である。このため、住宅宿泊管理業者は、常に公正な立場を保持して、業務に誠実に従事することで、紛争等を防止するとともに、住宅宿泊管理業の円滑な業務の遂行を図る必要があるものとする。

(2) 誇大広告等の禁止（法第31条関係）

① 「誇大広告等」について
- 　「誇大広告等」とは、本条において規定されるところであるが、「虚偽広告」についても本条の適用があるものとする。
- 　また、広告の媒体は、新聞の折込チラシ、配布用のチラシ、新聞、テレビ、ラジオ又はインターネットのホームページ等種類を問わないこととする。
② 「誇大広告をしてはならない事項」について
- 　国規則第12条第１号に規定する「住宅宿泊管理業者の責任に関する事項」についての誇大広告等としては、例えば、実際の管理受託契約上は、住宅宿泊管理業者が宿泊者によって生じた損害について一切責任を負わないこととなっているにもかかわらず、家主に損害の負担が全くないかのように誤認させるようなものが想定される。
- 　国規則第12条第２号に規定する「報酬の額に関する事項」についての誇大広告等としては、例えば、実際の管理受託契約上は、宿泊数に比例する料金体系が設定されるようなサービス内容であるにもかかわらず、委託報酬が月額制で上限の定まった定額であるかのように誤認させるようなものが想定される。
- 　国規則第12条第３号に規定する「管理受託契約の解除に関する事項」についての誇大広告等としては、例えば、実際の管理受託契約上は、契約期間途中の解約が制限されるにもかかわらず、委託者の求めるときにいつでも解約できるように誤認させるようなものが想定される。
③ 「実際のものよりも著しく優良であり、若しくは有利であると人を誤認させるような表示」について
- 　「実際のものよりも著しく優良であり、若しくは有利であると人を誤認させるような表示」と認められるものとは、住宅宿泊管理業についての専門的な知識に関する情報を有していない一般の家主を誤認させる程度のものをいうこととする。

(3) 「委託者の判断に影響を及ぼすこととなる重要なもの」（法第32条第１号関係）

- 委託報酬に関する事項や責任及び免責に関する事項等などの住宅宿泊事業者の不利益に直結する事項が該当する。

⑷　委託者の保護に欠ける禁止行為（法第32条第2号関係）

① 「委託者に迷惑を覚えさせるような時間」について（国規則第13条第1号関係）
- 「迷惑を覚えさせるような時間」については、相手方となる家主の職業や生活習慣等に応じ、個別に判断されるものであるが、一般的には、相手方に承諾を得ている場合を除き、特段の理由が無く、午後9時から午前8時までの時間帯に電話勧誘又は訪問勧誘を行うことは、「迷惑を覚えさせるような時間」の勧誘に該当する。

② 「住宅宿泊管理業務の適切な実施を確保できないことが明らかであるにもかかわらず、当該住宅宿泊管理業務に係る管理受託契約を締結する行為」について（国規則第13条第3号関係）
- 「住宅宿泊管理業務の対象となる届出住宅の所在地その他の事情」とは、例えば、住宅宿泊管理業者の営業所又は事務所の所在地、これらの営業所又は事務所における人員体制、住宅宿泊管理業務の再委託を行う場合の再委託先の事業者の業務体制、届出住宅周辺の交通事情等が該当する。
- 住宅宿泊管理業者が管理受託契約の締結の勧誘をするにあたっては、住宅宿泊管理業務の適切な実施が確保できることを明らかにするため、届出住宅へすみやかに駆けつけることが可能な体制を有していることを委託者に示しながら行うことが望ましい。

⑸　管理受託契約締結前の説明事項（法第33条第1項関係）

① 「住宅宿泊管理業務の対象となる届出住宅」について（国規則第14条第2号関係）
- 届出住宅の所在地及び物件の名称、部屋番号、委託の対象となる部分及び維持保全の対象となる附属設備について説明する必要がある。

② 「住宅宿泊管理業務の内容及び実施方法」について（国規則第14条第3号関係）
- 届出住宅の維持保全及び法第5条から第10条までの規定による業務の内容について、届出住宅の状況等に応じて回数や頻度を明示して可能な限り具体的に説明されることが必要である。また、法第7条から第9条までの規定による業務については、説明等の方法について対面による等、具体的方法を明示する必要がある。これらのほか、緊急時の連絡対応等の方法についても明示されることが望ましい。委託者である住宅宿泊事業者が届出住宅の管理に関する十分な知識や経験を有している場合であっても、当事者間の責任関係を明確にするため、当該事項について説明せずに契約することは認められない。

③ 「住宅宿泊事業者が通常必要とするもの」について（国規則第14条第5号関係）
- 住宅宿泊管理業者が委託業務を実施するのに伴い必要となる水道光熱費や、委託業務の実施のために要した届出住宅に設置・配置する備品その他届出住宅を住宅宿

泊事業の用に供するために必要な物品等の購入に要した費用が考えられる。

④ 「住宅宿泊管理業務の一部の再委託に関する事項」について（国規則第14条第6号関係）

・ 住宅宿泊管理業者は、住宅宿泊事業者の承諾を得た上で、住宅宿泊管理業務の一部を第三者に再委託することができることを事前に説明する必要がある。また、再委託先は、住宅宿泊管理業者の業務実施体制に大きく影響するものであることから、再委託予定者を事前に明らかにする必要があり、再委託先が変更する度ごとに書面又は電磁的方法により委託者に知らせる必要がある。再委託先が一方的に変更される可能性がある場合には、その旨をあわせて事前に説明する必要がある。

⑤ 「責任及び免責に関する事項」について（国規則第14条第7号関係）

・ 責任及び免責については、責任の所在の明確化を図る観点から、住宅宿泊事業者と住宅宿泊管理業者の責任の所在について事前に説明しておく必要がある。損害賠償請求に至った場合にはトラブルに発展することが予見されることから、住宅宿泊事業者と住宅宿泊管理業者が事前に協議を行った上で賠償責任保険に加入する等の措置をとることが望ましい。

・ また、再委託事業者が住宅宿泊管理業者から委託された住宅宿泊管理業務を行う上での過失等によって生じた住宅宿泊事業者又は届出住宅の宿泊者の損害については、住宅宿泊管理業者が責任を負うことが一般的であると考えられるが、最終的には住宅宿泊事業者と住宅宿泊管理業者が締結する管理受託契約を踏まえて取り決めることが望ましい。

⑥ 「契約期間に関する事項」について（国規則第14条第8号関係）

・ 契約の始期、終期及び期間を説明する必要がある。

⑦ 「契約の更新及び解除に関する事項」について（国規則第14条第9号関係）

・ 住宅宿泊事業者と住宅宿泊管理業者間における契約の更新の方法について事前に説明する必要がある。

・ 住宅宿泊事業者又は住宅宿泊管理業者が、契約に定める義務に関してその本旨に従った履行をしない場合には、その相手方は、相当の期間を定めて履行を催告し、その期間内に履行がないときは、契約を解除することができる旨を事前に説明する必要がある。

(6) 「住宅宿泊管理業務の対象となる届出住宅」（法第34条第1項第1号関係）

・ 届出住宅の所在地及び物件の名称、部屋番号、委託の対象となる部分及び維持保全の対象となる附属設備である。

(7) 「住宅宿泊管理業務の実施方法」（法第34条第1項第2号関係）

・ 届出住宅の維持保全及び法第5条から第10条までの規定による業務の内容について、届出住宅の状況等に応じて回数や頻度を明示して可能な限り具体的に説明されることが必要である。また、法第7条から第9条までの規定による業務については、説明等の方法について対面による等具体的方法を明示する必要がある。これらのほか、緊急

時の連絡対応等の方法についても明示されることが望ましい。委託者である住宅宿泊
事業者が届出住宅の管理に関する十分な知識や経験を有している場合であっても、当
事者間の責任関係を明確にするため、当該事項について明確に記載する必要がある。

(8) 「契約期間に関する事項」（法第34条第1項第3号関係）
・　契約の始期、終期及び期間が明示されている必要がある。

(9) 「報酬に関する事項」（法第34条第1項第4号関係）
・　報酬の支払い時期及び支払い方法についても明示されている必要がある。また、報
酬とは別に要する費用として、住宅宿泊管理業者が委託業務を実施するのに伴い必要
となる水道光熱費や、委託業務の実施のために要した届出住宅に設置・配置する備品
その他届出住宅を住宅宿泊事業の用に供するために必要な物品等の購入に要した費用
についても想定されるため、それらの費用の負担方法、支払い時期及び支払い方法に
ついても明示することが望ましい。

(10) 「契約の更新又は解除に関する定め」（法第34条第1項第5号関係）
・　住宅宿泊事業者と住宅宿泊管理業者間における契約の更新の方法について明示する
必要がある。
・　住宅宿泊事業者又は住宅宿泊管理業者が、契約に定める義務に関してその本旨に
従った履行をしない場合には、その相手方は、相当の期間を定めて履行を催告し、そ
の期間内に履行がないときは、契約を解除することができる旨を明示することが望ま
しい。

(11) 「その他国土交通省令で定める事項」（法第34条第1項第6号関係）

① 「住宅宿泊管理業務の内容」について（国規則第17条第2号関係）
・　本条に基づく書面は、法定の業務の履行状況に関する重要な書類となることから、
具体性をもって業務内容が記載される必要がある。
② 「一部の再委託に関する定め」について（国規則第17条第3号関係）
・　住宅宿泊管理業者は、住宅宿泊事業者の承諾を得た上で、住宅宿泊管理業務の一
部を第三者に再委託することができることを明示する必要がある。再委託先が一方
的に変更される可能性がある場合には、その旨を契約上、明示する必要がある。ま
た、再委託先は、住宅宿泊管理業者の業務実施体制に大きく影響するものであるこ
とから、再委託先を事前に明らかにする必要があり、再委託先が変更する度ごとに
書面又は電磁的方法により委託者に通知する必要がある。なお、当該再委託先の情
報は、法第3条第2項第6号の届出事項である。
・　再委託事業者が住宅宿泊管理業者から委託された住宅宿泊管理業務を行う上での
過失等によって生じた住宅宿泊事業者又は届出住宅の宿泊者の損害については、住
宅宿泊管理業者が責任を負うことが一般的であると考えられるが、最終的には住宅

宿泊事業者と住宅宿泊管理業者が締結する管理受託契約を踏まえて取り決めること
が望ましい。
③　「責任及び免責に関する定め」について（国規則第17条第４号関係）
・　責任及び免責については、責任の所在の明確化を図る観点から、住宅宿泊事業者
と住宅宿泊管理業者の責任の所在について明示しておく必要がある。損害賠償請求
に至った場合にはトラブルに発展することが予見されることから、住宅宿泊事業者
と住宅宿泊管理業者が事前に協議を行った上で賠償責任保険に加入する等の措置を
とることが望ましい。

⑿　住宅宿泊管理業務の再委託の禁止（法第35条関係）

①　本条の趣旨について
・　本条は、住宅宿泊事業者から委託を受けた住宅宿泊管理業務の全てを再委託する
ことを禁ずるものであり、管理受託契約に住宅宿泊管理業務の一部の再委託に関す
る定めがあるときは、再委託を行うことができる。
②　再委託における責任について
・　再委託先は住宅宿泊管理業者である必要はないが、住宅宿泊事業者と管理受託契
約を交わした住宅宿泊管理業者が再委託先の住宅宿泊管理業務の実施について責任
を負うこととなる。このため、法第25条各号（第11号を除く。）の登録拒否要件に
該当しない事業者に再委託することが望ましく、また、再委託期間中は、住宅宿泊
管理業者が責任をもって再委託先の指導監督を行うことが必要である。なお、契約
によらずに住宅宿泊管理業務を自らの名義で他者に行わせる場合には、名義貸しに
該当する場合があるため、再委託は契約を締結して行うことが必要である。
③　再委託の対象範囲について
・　再委託は住宅宿泊管理業務の一部については認められるものの、全てについて他
者に再委託することや、住宅宿泊管理業務を複数の者に分割して再委託して自らは
住宅宿泊管理業務を一切行わないことは本条に違反する。

⒀　住宅宿泊管理業務の実施（法第36条関係）
・　住宅宿泊管理業者は、委託を受けた住宅宿泊管理業務について、２－２．⑴～⑺に
準じて対応する必要がある。

①　住宅宿泊事業の適切な実施のための届出住宅の維持保全について
・　委託義務の対象となる住宅宿泊管理業務の範囲は、法第２条第５項に規定すると
おりであるが、届出住宅の維持保全に係る業務については、１－１．⑶住宅宿泊管
理業務の定義法第２条第５項関係の解釈を踏まえた上で、管理受託契約において対
象範囲を明確に定める必要がある。届出住宅の維持保全が適切に行われない場合に
は、業務改善命令等監督処分の対象となり得る。
②　宿泊者の衛生確保について

- ・　各居室の床面積に応じた宿泊者数の制限を確実に履行するためには、住宅宿泊事業者が制限を超える宿泊者との契約を締結した場合の宿泊拒否の権限等について、予め住宅宿泊管理業者と委託者との間で取り決めておくことが望ましい。
③　宿泊者の安全の確保について
- ・　法第6条に規定する措置は、委託を受けた住宅宿泊管理業者の責任において行うこととなるため、必要な器具の設置及び維持保全に要する費用の負担については、予め住宅宿泊管理業者と委託者との間で取り決めて置くことが望ましい。委託者の用意した器具等を住宅宿泊管理業者が利用する場合には、動作等について予め住宅宿泊管理業者が確認する必要がある。
④　宿泊者名簿の作成・備付けについて
  A　宿泊者の本人確認方法について
  - ・　住宅宿泊管理業者が住宅宿泊管理業務の委託を受けて行う場合には、正確な記載を確保するための措置の実施について、住宅宿泊管理業者の責任の下に行う必要がある。
  - ・　本人確認の方法は、委託者との間で、管理受託契約により明確に取り決めておく必要がある。
  B　宿泊者名簿の提出先
  - ・　住宅宿泊管理業者に対して宿泊者名簿の提出を求めることができるのは、国土交通大臣及び住宅宿泊管理業務の対象となる届出住宅の所在地を管轄する都道府県知事等である。
⑤　周辺地域の生活環境への悪影響の防止に必要な事項の説明について
- ・　当該説明事項は、法第9条の解釈を十分踏まえるとともに、届出住宅固有の配慮事項や注意事項について、住宅宿泊管理業者は委託者に予め内容を確認しておくことが必要である。
⑥　苦情等への対応について
- ・　苦情及び問合せが、緊急の対応を要する場合には、関係機関への通報の他、委託者に対しても報告することが適切である。
- ・　苦情への対応については、必要に応じてすみやかに現地へ赴くこととし、苦情があってから現地に赴くまでの時間は、30分以内を目安とする。ただし、交通手段の状況等により現地に赴くまでに時間を要することが想定される場合は、60分以内を目安とする。

⒁　従業者証明書の携帯（法第37条第1項関係）
- ・　従業者であることを表示する方法は証明書による方法に統一することとする。この従業者証明書を携帯させるべき者の範囲は、住宅宿泊管理業者の責任の下に当該住宅宿泊管理業者が委託を受けた住宅宿泊管理業務に従事する者とし、再委託契約に基づき住宅宿泊管理業務の一部の再委託を受ける者を含む。このため、住宅宿泊管理業者と直接の雇用関係にある者であっても、内部管理事務に限って従事する者は、従業者証明書の携帯の義務はない。また、直接に届出住宅に立ち入り又は宿泊者や委託者と

　　　　業務上接する者が対象であり、例えば、リネンの洗濯のみを行う者や車の運転手等は
　　　　含まない。ただし、当該者についても従業者証明書を携帯することが望ましい。単に
　　　　一時的に業務に従事するものに携帯させる証明書の有効期間については、他の者と異
　　　　なり、業務に従事する期間に限って発行することとする。

⒂　帳簿の記載事項（法第38条関係）

　①　「契約の対象となる届出住宅」について（国規則第19条第1項第3号関係）
　　　・　届出住宅の所在地及び物件の名称、部屋番号、委託の対象となる部分及び維持保
　　　　全の対象となる附属設備である。
　②　「受託した住宅宿泊管理業務の内容」について（国規則第19条第1項第4号関係）
　　　・　本号で規定する「住宅宿泊管理業」については、法第2条第5項に基づく住宅宿
　　　　泊管理業務に限らず、住宅宿泊事業者と住宅宿泊管理業者が締結する管理受託契約
　　　　において規定する委託業務の内容を指す。
　③　「報酬の額」について（国規則第19条第1項第5号関係）
　　　・　住宅宿泊管理業務に対する報酬だけでなく、住宅宿泊管理業務に要する費用等
　　　　（住宅宿泊管理業者が当該業務を実施するのに伴い必要となる水道光熱費、当該業
　　　　務の実施のために要した届出住宅に設置・配置する備品その他届出住宅を住宅宿泊
　　　　事業の用に供するために必要な物品等の購入に要した費用）についても住宅宿泊管
　　　　理業者が費用を支払い、その費用を住宅宿泊事業者から支払いを受ける場合は、そ
　　　　の費用も含むものとする。
　④　「管理受託契約における特約その他参考となる事項」について（国規則第19条第1
　　　項第6号関係）
　　　・　住宅宿泊事業者と住宅宿泊管理業者が締結する管理受託契約において、国土交通
　　　　省が定める標準管理受託契約書に定めのない事項など、参考となる事項については、
　　　　住宅宿泊管理業者の判断により記載する。
　⑤　「電子計算機その他の機器」について（国規則第19条第2項関係）
　　　・　「電子計算機その他の機器」には、タブレット端末やスマートフォン等を含む。

⒃　住宅宿泊事業者への定期報告（法第40条関係）

　①　「住宅宿泊管理業務の実施状況」について（国規則第21条第1項第2号関係）
　　　・　本号で規定する「住宅宿泊管理業務」については、法第2条第5項に基づく住宅
　　　　宿泊管理業務に限らず、住宅宿泊事業者と住宅宿泊管理業者が締結する管理受託契
　　　　約における委託業務の全てについて報告する必要がある。苦情への対応状況は、住
　　　　宅宿泊管理業務の実施状況に含まれる。
　②　「住宅宿泊管理業務の対象となる届出住宅の維持保全の状況」について（国規則第
　　　21条第1項第3号関係）
　　　・　住宅宿泊事業において届出住宅に設ける必要があるとされている台所、浴室、便

所、洗面設備の状態について報告を行うとともに、水道や電気などのライフラインの状態についても報告を行う必要がある。また、ドアやサッシなどの届出住宅の設備の状態についても報告を行うことが望ましい。
③ 「住宅宿泊管理業務の対象となる届出住宅の周辺地域の住民からの苦情の発生状況」について（国規則第21条第1項第4号関係）
・ 苦情の発生した日時、苦情を申し出た者の属性、苦情内容等について、把握可能な限り記録し、報告する必要がある。単純な問合せについて、記録及び報告の義務はないが、苦情を伴う問合せについては、記録し、対処状況も含めて報告する必要がある。

３－３．住宅宿泊管理業の監督

(1) 業務改善命令（法第41条第1項及び第2項関係）

① 国土交通大臣と都道府県知事等との関係について
・ 原則として、国土交通大臣が住宅宿泊管理業者に対する監督を一元的に行うが、法第5条から第10条までの規定による業務については、住宅宿泊管理業者の不正行為に関する事実について都道府県知事等の方がより的確に把握し、迅速に処分を行えることが想定されるため、都道府県知事等による業務改善命令を第2項において認めている。このため、業務改善命令を行うことができる都道府県知事等は、不正行為が行われた届出住宅の所在地を管轄する都道府県知事等である。

(2) 立入検査（法第45条関係）
・ 国土交通大臣と都道府県知事等は、密に情報共有を図るとともに互いに連携を取り、必要に応じて同時に立入検査を行う等の対応が望ましい。

４－１．住宅宿泊仲介業の登録関係

(1) 住宅宿泊仲介業の登録（法第46条関係）

① 登録の申請の方法について
・ 登録申請は民泊制度運営システムを利用して行うことを原則とする。

(2) 住宅宿泊仲介業の登録申請事項（法第47条第1項関係）

① 登録についての考え方について
・ 「役員」とは、次に掲げる者をいう。
（ⅰ） 株式会社においては、取締役、執行役、会計参与（会計参与が法人であるときは、その職務を行うべき社員）及び監査役

　（ⅱ）　合名会社、合資会社及び合同会社においては、定款をもって業務を執行する
　　　　社員を定めた場合は、当該社員。その他の場合は、総社員
　（ⅲ）　財団法人及び社団法人においては、理事及び監事
　（ⅳ）　特殊法人等においては、総裁、理事長、副総裁、副理事長、専務理事、理事、
　　　　監事等法令により役員として定められている者
② 届出の様式の記載についての留意事項について
　・　日本語で作成する必要があるが、名称、住所等の固有名詞については、外国語で
　　記載することができる。

　(a)　住宅宿泊仲介業者登録申請書（国規則第12号様式）
　　・　申請者が法人である場合は、登録申請者の「商号又は名称」には、当該事項を
　　　記入し、「氏名」には、当該法人の代表者の氏名を記入した上で、押印又は署名
　　　をすることとする。申請者が個人である場合は、「商号又は名称」がある場合は、
　　　当該事項を記入し、「氏名」には、申請者の氏名を記入した上で、押印又は署名
　　　をすることとする。
　　・　申請者又は法定代理人が法人である場合は、「商号、名称又は氏名及び住所」、
　　　「法定代理人に関する事項」、「法定代理人の代表者に関する事項（法人である場
　　　合）」、「法定代理人の役員に関する事項（法人である場合）」、「役員に関する事項
　　　（法人である場合）」について、登記事項証明書に記載された情報を記入すること
　　　とする。
　　・　申請者（個人の場合）、代表者、法定代理人（個人の場合）、法定代理人の代表
　　　者、法定代理人の役員並びに役員の氏名及び住所については、住民票に記載され
　　　た氏名及び住所を記入することとする。外国籍の者の場合は、日本国政府の承認
　　　した外国政府の発行した書類やこれに準じる書類に記載された住所及び氏名を記
　　　載することとする。
　　・　「法定代理人の役員に関する事項（法人である場合）」については、法定代理人
　　　の役員全員について記載することとする。
　　・　「役員に関する事項（法人である場合）」については、法人の役員全員について
　　　記載することとする。
　　・　「営業所又は事務所に関する事項」については、住宅宿泊仲介業務を実施する
　　　全ての営業所又は事務所について記載することとする。

　(b)　誓約書（国規則第13号様式）
　　・　「商号又は名称」には、当該事項を記入し、「代表者の氏名」には、法人の代表
　　　者の氏名を記入した上で、押印又は署名をすることとする。

　(c)　誓約書（国規則第14号様式）
　　・　「氏名」には、申請者の氏名を記入した上で、押印又は署名をすることとする。
　　　申請者が未成年者である場合において、法定代理人が法人である場合は、「商号

又は名称」には、当該事項を記入し、「氏名」には、法人の代表者の氏名を記入した上で、押印又は署名をすることとする。

- (d) 登録事項変更届出書（国規則第15号様式）
  - ・ (a) 住宅宿泊仲介業者登録申請書（国規則第12号様式）と同様。

- (e) 廃業等届出書（国規則第16号様式）
  - ・ 「氏名」については、届出者の氏名を記入した上で、押印又は署名をすることとする。
  - ・ 「商号、名称又は氏名」については、住宅宿泊仲介業者登録申請書（国規則第12号様式）に記入したとおり記入することとする。

- (f) 標識（国規則第17号様式）
  - ・ 「商号、名称又は氏名」については、住宅宿泊仲介業者登録申請書（国規則第12号様式）に記入したとおり記入することとする。

③ 申請に対する処分に係る標準処理期間について
- ・ 法第47条第1項に基づく申請に対する処分に係る標準処理期間については、原則として、観光庁長官に当該申請が到達した日の翌日から起算して当該申請に対する処分の日までの期間を60日とする。
- ・ なお、適正な申請を前提に定めるものであるから、形式上の要件に適合しない申請の補正に要する期間はこれに含まれない。また、適正な申請に対する処理についても、審査のため、相手方に必要な資料の提供等を求める場合にあっては、相手方がその求めに応ずるまでの期間はこれに含まれないこととする。

(3) 住宅宿泊仲介業の登録申請の添付書類（法第47条第2項関係）
- ・ 申請書の添付書類は、日本語又は英語で記載されたものに限る。英語の場合は、日本語による翻訳文を添付する必要がある。特別の事情で申請書に添付する書類が日本語又は英語で提出できない場合は、その他の言語で記載された書類に、日本語による翻訳文を添付することにより、提出することができる。
- ・ 官公署（日本国政府の承認した外国政府又は権限のある国際機関を含む。）が証明する書類は、申請日前3月以内に発行されたものとし、官公署から発行された書類を提出することとする（写し等は認めないこととする。）。
- ・ 国規則第28条第1項第1号イに規定する「定款、寄附行為又はこれらに準ずるもの」は、商号、事業目的、役員数、任期及び主たる営業所又は事務所の所在地が登記事項証明書の内容と一致しているものであって、現在効力を有するものとする。外国法人においては、日本国政府の承認した外国政府又は権限のある国際機関の発行した書類その他これに準じるもので、商号、事業目的、役員数、任期及び主たる営業所又は事務所の所在地の記載のあるものを提出することとする。
- ・ 国規則第28条第1項第1号ロに規定する「登記事項証明書又はこれに準ずるもの」

　　は、外国法人においては、日本国政府の承認した外国政府又は権限のある国際機関の発行した書類その他これに準じるもので、法人名、事業目的、代表者名、役員数、任期及び主たる営業所又は事務所の所在地の記載のあるものとする。

・　国規則第28条第1項第1号ハに規定する「役員が、成年被後見人及び被保佐人に該当しない旨の後見等登記事項証明書又は外国の法令上これらと同様に取り扱われている者に該当しない旨の証明書」は、外国籍の役員においては、第28条第1項第1号ニの書類と重複するため、ハの書類については提出する必要はない。

・　国規則第28条第1項第1号ニに規定する「役員が、民法の一部を改正する法律附則第三条第一項及び第二項の規定により成年被後見人及び被保佐人とみなされる者並びに破産手続開始の決定を受けて復権を得ない者に該当しない旨の市町村の長の証明書又は外国の法令上これと同様に取り扱われている者に該当しない旨の証明書若しくはこれに代わる書面」は外国籍の役員においては、日本国政府の承認した外国政府又は権限のある国際機関の発行した書類その他これに準じるもので、成年被後見人及び被保佐人並びに破産手続開始の決定を受けて復権を得ない者と同様に取り扱われている者に該当しない旨を証明する書類とする。当該書類が存在しない場合は、「これに代わる書面」として、成年被後見人及び被保佐人並びに破産手続開始の決定を受けて復権を得ない者に相当するものに該当しない者であることを公証人又は公的機関等が証明した書類を提出することとする。

・　国規則第28条第1項第1号ホに規定する「最近の事業年度における貸借対照表及び損益計算書」には、
（i）　最も新しい確定した決算書を添付すること。
（ii）　新規設立の法人で、最初の決算期を迎えていない場合は、開業貸借対照表（会社の設立時や会社の開業時に作成される貸借対照表のことをいう。）を添付すること。

・　国規則第28条第1項第1号ヘ（同条第2項第2号ヘに規定するものを含む。）に規定する「住宅宿泊仲介業を的確に遂行するための必要な体制が整備されていることを証する書類」については、法第49条第1項第11号に該当しないことを確認するため、
（i）　法令遵守について責任を有する部局並びに当該部局の責任者の氏名及び従業員数を明示した組織図
（ii）　苦情問合せ等について責任を有する部局並びに当該部局の責任者の氏名及び従業員数を明示した組織図
（iii）　情報管理（サイバーセキュリティー体制を含む。）について責任を有する部局並びに当該部局の責任者の氏名及び従業員数を明示した組織図
とする。

・　国規則第28条第1項第1号ト及び第2号ホに規定する誓約書には決算書類に関する次に掲げる書類を添付する必要がある。
（i）　公認会計士又は監査法人による財務監査を受けている場合にあっては、当該監査証明に係る書類
（ii）　上記以外の場合にあっては、納税申告書の写しその他の資産及び負債の明細を

示す書類
- 国規則第28条第1項第2号イに規定する「登録申請者が、成年被後見人及び被保佐人に該当しない旨の後見等登記事項証明書又は外国の法令上これらと同様に取り扱われている者に該当しない旨の証明書若しくはこれに代わる書面」は、外国籍の申請者においては、第28条第1項第2号ロの書類と重複するため、イの書類については提出する必要はない。
- 国規則第28条第1項第2号ロに規定する「登録申請者が、民法の一部を改正する法律附則第三条第一項及び第二項の規定により成年被後見人及び被保佐人とみなされる者並びに破産手続開始の決定を受けて復権を得ない者に該当しない旨の市町村の長の証明書又は外国の法令上これと同様に取り扱われている者に該当しない旨の証明書若しくはこれに代わる書面」は、外国籍の申請者においては、日本国政府の承認した外国政府又は権限のある国際機関の発行した書類その他これに準じるもので、成年被後見人及び被保佐人並びに破産手続開始の決定を受けて復権を得ない者と同様に取り扱われている者に該当しない旨を証明する書類とする。当該書類が存在しない場合は、「これに代わる書面」として、成年被後見人及び被保佐人並びに破産手続開始の決定を受けて復権を得ない者に相当するものに該当しない者であることを公証人又は公的機関等が証明した書類を提出することとする。
- 国規則第28条第1項第2号ハに規定する「営業に関し成年者と同一の行為能力を有しない未成年者であって、その法定代理人が法人である場合においては、その法定代理人の登記事項証明書又はこれに準ずるもの」は、外国法人においては、日本国政府の承認した外国政府又は権限のある国際機関の発行した書類その他これに準じるもので、法人名、事業目的、代表者名、役員数、任期及び主たる営業所又は事務所の所在地の記載のあるものとする。
- 国規則第28条第1項第2号ニに規定する「第五号様式による財産に関する調書」については、第5号様式による「財産に関する調書」と預貯金の「残高証明書」を添付することとする。また、土地又は建物を計上した場合は、その「固定資産評価証明書」（市町村役場等で発行）又は鑑定評価書（不動産鑑定士が発行）等を添付することとする。
- 国・厚規則第28条第2項に規定する「住民票の抄本又はこれに代わる書面」は、外国籍の申請者においては、住民票の抄本が提出できないときは、住民基本台帳法（昭和42年法律第81号）第30条の45に規定する国籍等の記載のあるものに限る。

(4) 住宅宿泊仲介業の登録の拒否（法第49条関係）

① 不誠実な行為等をするおそれがあると認められる者について（第49条第1項第6号関係）
- 国規則第29条第3号で規定する「法第58条各号に掲げる行為をしている者」については、登録の審査を行う段階で確認を行う。
- 法第58条各号については4-5．違法行為のあっせん等の禁止を参照。

②　財産的基礎要件（法第49条第１項第10号関係）
- 　登録時点で「国土交通省令で定める基準に適合する財産的基礎を有している」必要がある。
- 　国規則第30条第２号に規定する「支払不能に陥っていないこと」とは、債務者が支払能力の欠乏のため弁済期にある全ての債務について継続的に弁済することができない客観的状態のことをいう。なお、支払能力の欠乏とは、財産、信用、あるいは労務による収入のいずれをとっても債務を支払う能力がないことを意味する。

③　住宅宿泊仲介業を的確に遂行するための必要な体制が整備されていない者について（法第49条第１項第11号関係）
- 　４－１.⑶住宅宿泊仲介業の登録申請の添付書類に記載のとおり。

⑸　変更の届出等（法第50条関係）
- 　事業を譲渡する場合、個人営業を法人営業に改める場合又は法人営業を個人営業に改める場合等登録者が実質的に変更する場合は、変更手続きによらず、登録を申請し直す必要がある。
- 　法人の組織変更については、次に掲げる場合を除き、変更手続きによらず、登録を申請し直す必要がある。
  - （ⅰ）　株式会社と合名、合資又は合同会社との間の組織の変更
  - （ⅱ）　合名会社、合資会社又は合同会社の間の種類の変更
  - （ⅲ）　その他法律に基づく組織の変更のうち、法人格の同一性が保持されていると認められるもの

⑹　廃業等の届出（法第52条関係）
- 　一時的な休業の場合は、廃業届を提出する必要はない。
- 　１年以上業務を行っていない場合には、法第62条第２項の規定により、登録取消しの対象となる。

４－２.　住宅宿泊仲介業約款（法第55条関係）

①　住宅宿泊仲介業約款の策定について
- 　日本語及び英語で策定しなければならない。
- 　標準約款については、別に定める。

②　住宅宿泊仲介業約款の公示について
- 　国規則第36条第２号に規定する「インターネットによる公開」とは、宿泊者との間の取引に関する約款を一覧して確認できるページ（以下「利用規約画面」という。）を設け、申込み完了前の各画面の適切な場所（冒頭部等）に、「利用規約」といった表現によりハイパーリンクを設定する等を行い、宿泊者が当該約款を容易に認識できるようにする必要がある。
- 　約款が宿泊者と住宅宿泊仲介業者の間の契約の内容となる旨を、宿泊者が容易に

認識できる方法で、容易に認識できる場所に明記しなければならない。

４－３．住宅宿泊仲介業務に関する料金の公示等（法第56条関係）

- 国規則第38条第２号に規定する「インターネットによる公開」とは、４－２．②住宅宿泊仲介業約款の公示と同様の取扱いとなる。

４－４．不当な勧誘等の禁止（法第57条関係）

- 不実告知や自らの集客能力等を誇大に表現する等の誇大広告が認められる場合には、法第61条第１項に規定する業務改善命令等の対象となり得る。

４－５．違法行為のあっせん等の禁止（法第58条関係）

① 法令に違反する行為のあっせん等について（法第58条第１号関係）
- 「法令」とは、本法及びその他の法令であり、法律だけではなく、政省令も含まれる。また、当該行為が、故意又は重過失で行った場合に対象となる。
- 法第58条第１号に該当する例としては、次に掲げるものが考えられる。
  - （ⅰ）麻薬、銃器、盗品等の禁制品の取引のあっせん又は便宜供与
  - （ⅱ）違法賭博行為のあっせん又は便宜供与
② 法令に違反するサービスの提供を受けることのあっせん等について（法第58条第２号関係）
- 「法令」とは、本法及びその他の法令であり、法律だけではなく、政省令も含まれる。また、当該行為は、故意又は重過失の場合に対象となる。
- 法第58条第２号に該当する例としては、次に掲げるものが考えられる。
  - （ⅰ）明らかに虚偽と認められる届出番号を示している施設のあっせん又は便宜供与
  - （ⅱ）旅館業の無許可営業者による宿泊サービスを受けることのあっせん又は便宜供与
  - （ⅲ）売春防止法に違反するサービスの提供を受ける行為のあっせん又は便宜供与
- なお、住宅宿泊仲介業務を行う際に、旅行業又は住宅宿泊仲介業の登録を受けていない業者の仲介サイトに掲載する行為についても法第58条第２号に該当することとなる。
③ あっせん等の広告の禁止について（法第58条第３号関係）
- 本法に基づく届出、旅館業法に基づく許可又は特区民泊の認定等を受けていない物件について仲介サイトに掲載する行為があてはまる。また、当該行為が、故意又は重過失の場合に対象となる。
- 適法な物件であるかの確認の方法は、以下の方法によるほか、これと同等以上に確実な方法で行う必要がある。
- また、届出番号等の確認にあたっては、自社が運営する民泊仲介サイト上で、住宅宿泊事業者等から届出番号等を入力させ、入力が確認できないものについては、

非表示とするなどの電子的処理による方法も認めることとする。
（ i ）　本法に基づく届出をしている物件の場合
　　　以下の項目について、住宅宿泊事業者からの申告に基づき確認
　　　・都道府県知事等から通知される届出番号
（ ii ）　旅館業法に基づく許可物件の場合
　　　以下の項目について、営業者からの申告に基づき確認
　　　・保健所等から通知される許可番号
　　　・施設の所在地
　　　保健所等により許可番号が通知されていない場合には、許可番号に代えて以下
　　の項目について確認
　　　・営業者名
　　　・許可を受けた年月日
　　　・許可を受けた保健所
（ iii ）　イベント民泊の場合
　　　以下の項目について、自宅提供者からの申告に基づき確認
　　　・自治体が発行する要請状
（ iv ）　国家戦略特区制度に基づく認定物件の場合
　　　以下の項目について、認定事業者からの申告に基づき確認
　　　・施設の名称
　　　・施設の所在地

※　旅行業法（昭和27年法律第239号）第3条において、宿泊サービスの仲介の実施に当たっては、原則旅行業法に基づく旅行業の登録を受けなければいけないこととされているため、（ ii ）～（ iv ）の物件について宿泊サービスの仲介を実施するに当たっては、原則旅行業の登録を受けなければいけない。

※　マンスリーマンションについては、一時的な宿泊を主とする上記施設と混在させて民泊仲介サイトに表示させることは適切ではないため、別サイトにおいて管理することが望ましい。

・　4-7．住宅宿泊仲介業者から観光庁への報告にて記載の報告等により、違法な物件が民泊仲介サイトに掲載されていることを観光庁において確認した場合には、観光庁より当該民泊仲介サイトを運営する住宅宿泊仲介業者に対し、当該物件に関する情報を当該サイト上から削除すること等を要請することがあり得る。

その場合において、当該住宅宿泊仲介業者は、観光庁からの求めに応じ、すみやかに、自社が運営する民泊仲介サイトから当該物件に関する情報を削除すること等の必要な措置を講じる必要がある。

④　届出をした者であるかどうかの確認を怠る行為について（法第58条第4号関係）
・　国規則第39条第2号に規定する行為とは、住宅宿泊事業者からの届出番号を確認せずに仲介サイトに掲載するものである。また、当該行為が故意又は重過失による場合に違反となる。

- 届出番号の確認にあたっては、自社が運営する民泊仲介サイト上で、住宅宿泊事業者から届出番号を入力させ、入力が確認できないものについては、非表示とするなどの電子的処理による方法も認めることとする。

４－６．住宅宿泊仲介契約の締結前の書面の交付（法第59条関係）
- 民泊仲介サイトを利用した取引においては、申込直前の段階で、国規則第40条各号に規定する事項を網羅的に確認できる画面を設けた上で、住宅宿泊仲介契約締結後すみやかに、国規則第40条各号に定める事項を記載した電子メールを送付する方法によることも認めることとする。

① 宿泊者が宿泊する届出住宅について（国規則第40第３号関係）
- 「届出住宅」とは、宿泊者が宿泊を予定している届出住宅の住所及び届出住宅までの道順を示した経路、届出住宅の位置を示した地図又は届出住宅の外観がわかる写真その他の宿泊者が正確に届出住宅の位置を把握できる情報である。
② 対価について（国規則第40条第５号関係）
- 「対価」とは、宿泊者が支払う合計金額、「報酬」とは、「対価」のうち住宅宿泊仲介業者が受け取る金額のことである。
③ サービスの内容について（国規則第40条第６号関係）
- 「サービスの内容」とは、居室の面積、アメニティーの設置状況等届出施設において提供されるサービスの内容である。
④ 対価に含まれていない宿泊に関する費用について（国規則第40条第７号関係）
- 「対価に含まれていない宿泊に関する費用であって、宿泊者が通常必要とするもの」とは、清掃費、税その他の通常の宿泊に伴い宿泊者が負担すべきとされる一切の費用のことである。
⑤ 宿泊者の資格について（国規則第40条第11号関係）
- 「宿泊者の資格を定める場合にあっては、その旨及び当該資格」とは、性別、国籍その他の住宅宿泊事業者が定める宿泊者の要件である。
⑥ 安全性等の情報について（国規則第40条第12号関係）
- 行政庁等が地域における安全性等について特別に発出している情報がある場合においては、当該情報を提供する必要がある。

４－７．住宅宿泊仲介業者から観光庁への報告
- 住宅宿泊事業者の人を宿泊させた日数が180日を超過していないか、又は条例で制限がある場合においては、当該条例で禁止されている期間に営業が行われていないかを補完的に確認するため、民泊仲介サイトに掲載の届出物件に係る以下の項目について、毎年４月、10月の15日までに、それぞれの月の前６ヶ月分を観光庁に報告することとする。
  （ⅰ） 住宅宿泊事業者の商号名称又は氏名
  （ⅱ） 届出住宅の住所及び届出番号

　（ⅲ）　届出住宅において人を宿泊させた日数（２−２．⑼②届出事項の内容についてと同様。）

５−１．その他

⑴　権限委任について（法第69条関係）

　①　地方整備局長等による住宅宿泊管理業者の監督権限の行使について
　　・　国規則第24条第１項第７号、９号、11号及び12号に掲げる住宅宿泊管理業者の監督権限については、原則として主たる営業所又は事務所の所在地を管轄する地方整備局長等が行うものとするが、登録の取消し及び抹消に係る権限以外の監督権限については、当該住宅宿泊管理業者の従たる営業所又は事務所等を管轄する地方整備局長等も行うことができるものとする。
　②　委任された監督権限の具体的運用方針について
　　・　地方整備局長等に委任する国土交通大臣の権限のうち、国規則第24条第７号から第12号までに掲げる権限については、国土交通大臣が自ら行うことを妨げないとされているが、これは、同一業者により組織的に行われたもので、全国的に被害が頻発するような事案など相当な社会的混乱を招くおそれがあり、国土交通大臣自らが機敏に対応することを求められる事件の発生に際しては、個別の状況に応じて国土交通大臣が処分を行うこともあり得るものとしたものである。

⑵　登録免許税について（法附則第６条関係）

　①　登録免許税の納税地について（登録免許税法第８条第１項関係）

　　(a)　住宅宿泊管理業の登録に係る登録免許税の納税地について
　　　・　登録免許税法（昭和42年法律第35号）第８条第１項の規定による納税義務者が登録免許税を国に納付する際の納税地は次のとおりである。
　　　　①　北海道開発局長の登録を受けようとする場合は、「北海道札幌市北区北三十一条西七−三−一　札幌国税局札幌北税務署」
　　　　②　東北地方整備局長の登録を受けようとする場合は、「宮城県仙台市青葉区上杉一−一−一　仙台国税局仙台北税務署」
　　　　③　関東地方整備局長の登録を受けようとする場合は、「埼玉県さいたま市中央区新都心一−一　関東信越国税局浦和税務署」
　　　　④　北陸地方整備局長の登録を受けようとする場合は、「新潟県新潟市中央区西大畑町五一九一　関東信越国税局新潟税務署」
　　　　⑤　中部地方整備局長の登録を受けようとする場合は、「愛知県名古屋市中区三の丸三−三−二　名古屋国税局名古屋中税務署」
　　　　⑥　近畿地方整備局長の登録を受けようとする場合は、「大阪府大阪市中央区大

手前一－五－六三　大阪国税局東税務署」

⑦　中国地方整備局長の登録を受けようとする場合は、「広島県広島市中区上八
丁堀三－一九　広島国税局広島東税務署」

⑧　四国地方整備局長の登録を受けようとする場合は、「香川県高松市天神前二
－一〇　高松国税局高松税務署」

⑨　九州地方整備局長の登録を受けようとする場合は、「福岡県福岡市東区馬出
一－八－一　福岡国税局博多税務署」

⑩　沖縄総合事務局長の登録を受けようとする場合は、「沖縄県那覇市旭町九
沖縄国税事務所那覇税務署」

・　なお、登録免許税は、前記の納税地のほか、日本銀行及び国税の収納を行うそ
の代理店並びに郵便局において納付することができるが、この場合においては、
納付書の宛先は上記の各税務署となる。

(b)　住宅宿泊仲介業の登録に係る登録免許税の納税地について

・　登録免許税法第8条第1項の規定による納税義務者が登録免許税を国に納付す
る際の納税地は、東京都千代田区九段南一－一－一五　麹町税務署とする。

・　なお、登録免許税は、前記の納税地のほか、日本銀行及び国税の収納を行うそ
の代理店並びに郵便局において納付することができるが、この場合においては、
納付書の宛先は上記の税務署となる。

②　非課税の場合について（登録免許税法第5条第13号関係）

・　地方整備局長等の登録を受けるものであっても、個人で地方整備局長等の登録を
受けた者の相続人が引き続き住宅宿泊管理業を営むために登録を受ける場合、及び
法人で地方整備局長等の登録を受けた者が他の法人と合併するために解散し、新た
に設立又は吸収合併した法人が引き続き住宅宿泊管理業を営むため地方整備局長等
の登録を受ける場合には、登録免許税が課されない。

・　観光庁長官の登録を受けるものであっても、個人で観光庁長官の登録を受けた者
の相続人が引き続き住宅宿泊仲介業を営むために登録を受ける場合、及び法人で観
光庁長官の登録を受けた者が他の法人と合併するために解散し、新たに設立又は吸
収合併した法人が引き続き住宅宿泊仲介業を営むため観光庁長官の登録を受ける場
合には、登録免許税が課されない。

③　過誤納金等について（登録免許税法第31条関係）

(a)　住宅宿泊管理業の登録に係る登録免許税の過誤納金等について

・　登録免許税を納付した住宅宿泊管理業の登録申請者が、当該申請を取り下げた
とき、当該申請が拒否されたとき、又は過大に登録免許税を納付したときは、登
録免許税の現金納付又は印紙納付のいずれかによらず、国税通則法の規定により
過誤納金の還付を受けることができる。

・　また、住宅宿泊管理業の登録申請者が申請の取下げにあわせて、取下げの日か
ら一年以内に使用済みの登録免許税の領収書又は印紙を再使用したい旨を申し

　　出、使用することができる旨の証明を地方整備局長等が行ったときは、当該証明
　　に係る領収書又は印紙を再使用することができる。したがって、申請を取り下げ
　　る旨の申出を行った者に対しては、既に納付した登録免許税の還付を受けるか、
　　又は一年以内に再度申請するために領収書若しくは印紙を再使用するかのいずれ
　　かを確認し、領収書又は印紙を一年以内に再使用したい旨の申出があったときは、
　　その旨を記載した書面を地方整備局長等あてに取下げ書と同時に提出させること
　　とする。
・　なお、再使用したい旨の申出を行った者は、再使用の証明を受けた場合におい
　　て、当該証明を受けた領収書又は印紙を使用する必要がなくなったときは、当該
　　証明を受けた日から一年以内に地方整備局長等に対し、当該証明を無効にして既
　　に納付した登録免許税の還付を受けたい旨の申出を行わないと、登録免許税の過
　　誤納金の還付を受けることができなくなる。

(b)　住宅宿泊仲介業の登録に係る登録免許税の過誤納金等について
・　登録免許税を納付した住宅宿泊仲介業の登録申請者が、当該申請を取り下げた
　　とき、当該申請が拒否されたとき、又は過大に登録免許税を納付したときは、登
　　録免許税の現金納付又は印紙納付のいずれかによらず、国税通則法の規定により
　　過誤納金の還付を受けることができる。
・　また、住宅宿泊仲介業の登録申請者が申請の取下げにあわせて、取下げの日か
　　ら一年以内に使用済みの登録免許税の領収書又は印紙を再使用したい旨を申し
　　出、使用することができる旨の証明を観光庁長官が行ったときは、当該証明に係
　　る領収書又は印紙を再使用することができる。したがって、申請を取り下げる旨
　　の申出を行った者に対しては、既に納付した登録免許税の還付を受けるか、又は
　　一年以内に再度申請するために領収書若しくは印紙を再使用するかのいずれかを
　　確認し、領収書又は印紙を一年以内に再使用したい旨の申出があったときは、そ
　　の旨を記載した書面を観光庁長官あてに取下げ書と同時に提出させることとす
　　る。
・　なお、再使用したい旨の申出を行った者は、再使用の証明を受けた場合におい
　　て、当該証明を受けた領収書又は印紙を使用する必要がなくなったときは、当該
　　証明を受けた日から一年以内に観光庁長官に対し、当該証明を無効にして既に納
　　付した登録免許税の還付を受けたい旨の申出を行わないと、登録免許税の過誤納
　　金の還付を受けることができなくなる。

様式Ａ（国・厚規則第四条第四項第一号力関係）　　　　　　　　　　　　　　（Ａ４）

誓　約　書
（法人用）

　　届出者及び届出者の役員は、住宅宿泊事業法第４条第２号から第４号まで、第
７号及び第８号のいずれにも該当しない者であることを誓約します。

　　　　　　　　　　年　　　月　　　日

　　　　　　商号又は名称
　　　　　　代表者の氏名　　　　　　　　　　　　　　　　　　　　　　　　　印

　　　　　　　　　　　　　殿

様式Ｂ（国・厚規則第四条第四項第二号二関係）　　　　　　　　　　　　　　（Ａ４）

誓　約　書
（個人用）

　　届出者、法定代理人及び法定代理人の役員は、住宅宿泊事業法第４条第１号か
ら第６号まで及び第８号のいずれにも該当しない者であることを誓約します。

　　　　　　　　　　年　　　月　　　日

　　　　　　氏　　　名　　　　　　　　　　　　　　　　　　　　　　　　　印
　　　　┌　法定代理人
　　　　│　商号又は名称
　　　　│　氏　　　　名　　　　　　　　　　　　　　　　　　　　　　　　印
　　　　└（法人である場合においては、代表者の氏名）

　　　　　　　　　　　　　殿

様式C（国・厚規則第四条第四項第一号ヲ関係）　　　　　　　　　　（A4）

誓　　約　　書

　届出者は、管理組合に住宅宿泊事業の実施を報告し、下記のとおり届出時点で住宅宿泊事業を禁止する管理組合の意思がないことを確認しました。

年　　　月　　　日

　　　　　　　殿

　　　　　　　　　　商号又は名称
　　　　　　　　　　氏　　　　名　　　　　　　　　　　　　　　　　印
　　　　　　　　　　（法人である場合においては、代表者の氏名）

管理組合に報告した日		年　　　月　　　日
管理組合	管理組合名	
	役職	
	氏名	
	連絡先	（　　　　　　　－　　　　　　　－　　　　　　　）
当該マンションにおける住宅宿泊事業に関する決議		1．無　2．有
		【2．有】の場合はその決議の内容

① 「当該マンションにおける住宅宿泊事業に関する決議」欄は、該当するものの番号を○で囲むこと。
② 報告する相手方は管理組合の役員であること（理事長等）。
③ 管理組合の連絡先は、管理組合が管理業務を委託している管理会社でも可とする。

○住宅宿泊管理受託標準契約書

頭書部分

（1）当事者の表示

	氏　名	
甲 （住宅宿泊 事業者）	住　所	
	連　絡　先	
	届出番号	第　　　　　　　　号
	届出年月日	年　　月　　日
乙 （住宅宿泊 管理業者）	商号（名称）	
	代表者	
	事務所所在地	
	連絡先	
	登録番号	国土交通大臣（　　）第　　　　　号
	登録年月日	年　　月　　日

（2）契約期間

始期	年　月　日	終期	年　月　日	期間　　年　　月

（3）届出住宅の表示

物件が所在 する建物	名　称	
	所在地	
管理物件	部屋番号	
	附属設備	

（目的）
第1条　この住宅宿泊管理受託契約（以下「本契約」という。）は、住宅宿泊事業者が住宅宿泊管理業者に対して住宅宿泊管理業務を委託するに際して、住宅宿泊事業法（以下「法」という。）及び関連法令に基づき住宅宿泊管理受託契約を締結するに当たり、当事者が契約の締結に際して定めるべき事項及び当事者が契約の履行に関して互いに遵守すべき事項を明らかにすることを目的とする。

（定義）
第2条　本契約における用語の定義は、次の各号に定めるところによる。

（1）住宅　法第2条第1項に定める家屋
（2）宿泊　寝具を使用して施設を利用すること
（3）住宅宿泊事業　法第2条第3項に定める事業
（4）住宅宿泊事業者　法第2条第4項に定める事業者
（5）住宅宿泊管理業務　法第2条第5項及び法第36条に定める業務
（6）住宅宿泊管理業者　法第2条第7項に定める事業者
（7）宿泊サービス提供契約　宿泊者に対する住宅における宿泊のサービスの提供に係る契約
（8）住宅宿泊仲介業者　法第2条第10項に定める事業者
（9）宿泊者　宿泊サービス提供契約に基づき住宅に宿泊する者
（10）宿泊者名簿　法第8条に定める宿泊者に関する名簿

（契約の当事者）
第3条　本契約において、住宅宿泊管理業務を委託する者を甲とする。甲の氏名等は、頭書（1）記載のとおりである。
2　本契約において、住宅宿泊管理業務を受託する者を乙とする。乙の商号（名称）、代表者、事務所所在地、連絡先、住宅宿泊管理業の登録番号及び登録年月日は、頭書（1）記載のとおりである。
3　甲は、乙に対し、住宅宿泊事業を営むために必要な書類（法第3条第2項の届出書及び同条第3項の書類）、その他甲乙双方が必要と認める書類の内容を通知するものとする。
4　甲又は乙は、頭書（1）に記載する内容及び前項の内容に変更が生じたときは、相手方に対し速やかに通知するものとする。

（契約期間）
第4条　本契約の契約期間は、頭書（2）に定めるとおりとする。
2　本契約は、甲乙間の協議により更新することができる。
3　前項の更新をしようとするときは、甲又は乙は、有効期間が満了する日までに、相手方に対し、その旨を申し出るものとする。
4　前二項による有効期間の更新に当たり、甲乙間で契約の内容について別段の合意がなされなかったときは、従前の契約と同一内容の契約が成立したものとみなす。

（目的物件及び住宅宿泊管理業務）
第5条　甲は、その所有又は賃借する頭書（3）記載の住宅（以下「届出住宅」という。）につき、次の業務（以下「委託業務」という。）を乙に委託する。
（1）宿泊者等への対応に関する業務（別表第1に掲げる業務）
（2）清掃・衛生業務（別表第2に掲げる業務）
（3）住宅・設備管理及び安全確保業務（別表第3に掲げる業務）
2　乙は、前項の規定により受託した住宅宿泊管理業務の全部を第三者に再委託してはな

らない。

3　乙は、甲の承諾を得た上で、別表第4に定めるところにより、第1項に定める委託業務の一部を第三者に再委託することができる。この場合においても、乙は当該第三者に対し本契約の義務を遵守させるものとし、当該第三者が委託業務を行う上での過失等によって生じた甲又は届出住宅の宿泊者の損害は、乙がその責任を負うものとする。

4　乙は、別表第4に定める事項を変更しようとするときは、甲の承諾を得るものとする。

（委託業務に対する報酬）
第6条　委託業務の報酬は月額　　　　円（1か月未満の期間にかかる報酬については、その月の日数による日割計算）とし、甲は、乙に対して、毎月末日限り当月分の報酬を乙の指定する銀行口座に振り込む方法により支払う。但し、振込手数料は甲の負担とする。

（委託業務に要する費用等）
第7条　甲は、前条の報酬のほか、乙が委託業務を実施するのに伴い必要となる水道光熱費を負担するものとする。

2　甲は、乙に対し、前条の報酬及び前項の水道光熱費とは別に、委託業務の実施のために要した届出住宅に設置・配置する備品その他届出住宅を住宅宿泊事業に供するために必要な物品等の購入に要した費用を支払う。

3　前項の費用は、乙からその明細を示した請求書を甲に提示し、その請求書を受領した日の翌月末日限り乙の指定する銀行口座に振り込む方法により支払う。但し、振込手数料は甲の負担とする。

（緊急時の業務）
第8条　乙は、第5条のほか、災害又は事故等の事由により、緊急に行う必要がある業務で、甲の承認を受ける時間的な余裕がないものについては、甲の承認を受けないで実施することができる。この場合において、乙は、速やかに書面をもって、その業務の内容及びその実施に要した費用の額を甲に通知しなければならない。

2　前項により通知を受けた費用については、甲は、前条第3項に準じて支払うものとする。

（報告）
第9条　乙は、甲に対し、届出住宅ごとに、毎年2月、4月、6月、8月、10月及び12月の7日までに、それぞれの月の前二月における人を宿泊させた日数（正午から翌日の正午までの期間を1日として計算した日数）、宿泊者数、延べ宿泊者数、宿泊者の国籍別内訳を報告するものとする。

2　乙は、甲に対し、甲の事業年度終了後及び本契約の期間満了後速やかに、報告の対象となる期間、委託業務の実施状況、届出住宅の維持保全状況及び届出住宅の周辺地域の住民からの苦情の発生状況について書面又は国土交通省関係住宅宿泊事業法施行規則第21条第2項に定める電磁的方法（以下「電磁的方法」という。）により報告するものと

する。

3　届出住宅又は住宅宿泊事業の実施に関して重大な事項が生じた場合、あるいは、甲から求めがあった場合、乙は前項の報告とは別に書面又は電磁的方法により報告するものとする。

（業務処理の原則）

第10条　乙は、信義を旨とし、誠実に委託業務を行うものとする。

2　乙は、届出住宅を善良な管理者の注意をもって管理するものとする。

（宿泊サービス提供契約、宿泊料及び宿泊者情報提供）

第11条　甲は、宿泊サービス提供契約の締結の代理又は媒介を他人に委託するときは、住宅宿泊仲介業者又は旅行業者に委託するものとする。

2　甲は、自己の責任と負担において、宿泊者より宿泊料その他料金を収受し、納税等宿泊サービス提供契約及び宿泊料の収受等に伴う処理を行うものとする。

3　甲は、宿泊者との間で宿泊サービス提供契約を締結した場合、乙に対して、速やかにその旨及び宿泊サービス提供契約の概要、並びに、宿泊者の氏名、住所、職業及び宿泊日、また、宿泊者が日本国内に住所を有しない外国人であるときは国籍及び旅券番号を通知するものとする。

（守秘義務）

第12条　乙及び乙の従業員は、正当な理由がなく、委託業務に関して知り得た甲及び宿泊者の秘密を漏らしてはならない。本契約が終了した後においても、同様とする。

2　乙は、甲及び宿泊者に関する個人情報について、個人情報保護法その他関連法令に従って適正な取り扱いを行うものとする。

（反社会的勢力の排除）

第13条　甲及び乙は、それぞれ相手方に対し、次の各号の事項を確約する。

　　一　自らが、暴力団、暴力団関係企業、総会屋若しくはこれらに準ずる者又はその構成員（以下総称して「反社会的勢力」という。）ではないこと。

　　二　自らの役員（業務を執行する役員、取締役、執行役又はこれらに準ずる者をいう。）が反社会的勢力ではないこと。

　　三　反社会的勢力に自己の名義を利用させ、この契約を締結するものでないこと。

　　四　自ら又は第三者を利用して、次の行為をしないこと。

　　　　ア　相手方に対する脅迫的な言動又は暴力を用いる行為

　　　　イ　偽計又は威力を用いて相手方の業務を妨害し、又は信用を毀損する行為

2　甲又は乙の一方について、次のいずれかに該当した場合には、その相手方は、何らの催告を要せずして、本契約を解除することができる。

　　一　前項第一号又は第二号の確約に反する申告をしたことが判明した場合

　　二　前項第三号の確約に反し契約をしたことが判明した場合

三　前項第四号の確約に反した行為をした場合

（賠償責任及び免責事項）
第14条　乙は、乙又はその従業員が、委託業務の遂行に関し、甲又は宿泊者に損害を及ぼ
　　したときは、甲又は宿泊者に対し、賠償の責任を負う。
2　前項にかかわらず、乙は、甲、宿泊者及び第三者の故意若しくは過失によって生じた
　　損害、届出住宅の瑕疵によって生じた損害又は乙において予見できなかった事由によっ
　　て生じた損害については、その責を負わないものとする。

（契約の解約）
第15条　甲又は乙は、本契約の契約期間中であっても、相手方に対する書面による通知で
　　もって、本契約を解約することができる。この場合において、本契約は、当該通知が相
　　手方に到達してから3か月の経過をもって終了するものとする。

（契約の解除）
第16条　甲又は乙が、本契約に定める義務に関してその本旨に従った履行をしない場合に
　　は、その相手方は、相当の期間を定めて履行を催告し、その期間内に履行がないときは、
　　本契約を解除することができる。

（契約終了時の取扱い）
第17条　本契約が期間満了、解約又は解除その他の事由により終了したときは、乙は、甲
　　に対し、管理物件に関し保管していた書類及び鍵等を引渡すとともに、その他甲乙間に
　　おいて必要な精算を行うものとする。

（合意管轄裁判所）
第18条　この契約に起因する紛争に関し、訴訟の提起等裁判上の手続きをしようとすると
　　きは、＿＿地方（簡易）裁判所をもって管轄裁判所とするものとする。

　　甲及び乙は、法第34条の規定に基づき甲乙間で本契約が成立したことを証するため、本
書面2通を作成し、甲・乙記名押印の上、各1通を保有する。

　　　　　　年　　　月　　　日

　　　　委　　託　　者（甲）

　　　　住宅宿泊管理業者（乙）

別表第1　宿泊者等への対応に関する業務

業　務　内　容	業　務　実　施　要　領
（1）宿泊者への届出住宅の鍵の受け渡し	①　＿＿＿＿＿において、宿泊予約者であることを確認した上で鍵の受け渡しを行う。
（2）本人確認、宿泊者名簿の作成、管理及び備付け	①　＿＿＿＿＿により本人確認を行い、日本国内に住所を有しない宿泊者の場合には、宿泊者が施設を利用する前に、旅券の提示を求めるとともに、旅券の写しを宿泊者名簿とともに保存する。 ②　宿泊者名簿を備え付け、宿泊者の氏名、住所、職業及び宿泊日のほか、宿泊者が日本国内に住所を有しない外国人であるときは、その国籍及び旅券番号を記載して3年間保存する。
（3）未チェックイン時の報告	①　宿泊予約者がチェックインされていない場合には、甲にその旨の報告を行う。
（4）騒音の防止のために配慮すべき事項その他届出住宅の周辺地域（同一建物内を含む。以下同じ。）の生活環境への悪影響の防止に関し必要な事項について宿泊者への説明	①　宿泊者に対し、騒音の防止のために配慮すべき事項、ごみの処理に関し配慮すべき事項、火災の防止のために配慮すべき事項、その他届出住宅の周辺地域の生活環境への悪影響の防止に関し必要な事項について説明を＿＿＿＿＿＿＿による方法で行う（外国人観光旅客である宿泊者に対しては外国語を用いて行う）。
（5）届出住宅の周辺地域の住民からの苦情及び問い合わせについての対応	①　周辺地域の住民から苦情又は問い合わせの申出があった場合には常時応答を行う。具体的な内容を聴取し、必要に応じて速やかに現場に赴き確認を行う。 ②　宿泊者が、宿泊サービス契約若しくは乙が予め説明した注意事項に反する行為又は周辺地域の生活環境に有害な行為を行っていることが確認された場合には、その行為の中止を求める。 ③　緊急を要する通報を受けた場合には、必要に応じて警察署、消防署、医療機関等の然るべき機関に連絡したのち、自らも現場に急行して対応を行う。その結果、宿泊拒否等の対応を行う必要がある場合には、甲と処理方針を協議する。ただし、甲との間で調整を行う時間的余裕がない場合には、自ら宿泊拒否等の対応を行うことができる。この場合において、対応の内容及び費用を速やかに甲に通知し、費用負担に関する調整は事後に行うものとする。 ④　甲及び苦情の申出者に対し必要に応じて処理結果を報告する。
（6）宿泊者による届出住宅への毀損など有害行為に対する措置	①　届出住宅への毀損を行うなど宿泊者が法令に違反する行為又は届出住宅の保存に有害な行為を把握した場合には、その行為の中止を求める。 ②　中止の要求に応じない場合には、その後の中止の要求は甲が行う。

業　務　内　容	業　務　実　施　要　領
（7）長期滞在者への対応	①　連泊する長期滞在者には、定期的に面会を行う。特に宿泊契約が7日以上の場合にはチェックイン時に本人確認を行っていない者が届出住宅に宿泊するようなことがないよう、定期的な清掃等の際に、不審な者が滞在していないか、滞在者が所在不明になっていないか等について確認を行う。
（8）宿泊者からの届出住宅の鍵の返却確認	①　＿＿＿＿＿において、宿泊者から鍵の返却確認を行う。
（9）チェックアウト後の届出住宅の状況確認（破損、忘れ物等確認を含む）	①　チェックアウト後の住宅及び設備の破損の有無や、宿泊者の遺失物の有無等について確認し、宿泊前の状態と大きな乖離がないよう維持する。 ②　宿泊者の遺失物があった場合には、遺失物法に従って保管、返還、警察への届出等を行う。

別表第2　清掃・衛生業務

業　務　内　容	業　務　実　施　要　領
（1）届出住宅の日常清掃業務	①　届出住宅の設備や備品等については清潔に保ち、ダニやカビ等が発生しないよう除湿を心がけ、定期的に清掃、換気等を行う。 ②　届出住宅に循環式浴槽（追い炊き機能付き風呂・24時間風呂など）や加湿器を備え付けている場合は、レジオネラ症を予防するため、宿泊者が入れ替わるごとに浴槽の湯は抜き、加湿器の水は交換し、汚れやぬめりが生じないよう定期的に洗浄等を行うなど、取扱説明書に従って維持管理すること。 ③　宿泊者が、重篤な症状を引きこすおそれのある感染症に罹患し又はその疑いがあるときは、保健所に通報するとともに、その指示を受け、その使用した居室、寝具及び器具等を消毒・廃棄する等の必要な措置を講じること。その他公衆衛生上の問題を引き起こす事態が発生し又はそのおそれがあるときは、保健所に通報すること。 ④　届出住宅で生じたごみその他の廃棄物は、放置しないように適切に搬出し、処理方法に応じて分別集積し、必要に応じて速やかに処理を行う。
（2）寝具・衛生用品の洗濯及び設置	①　寝具のシーツ、カバー等直接人に接触するものについては、宿泊者が入れ替わるごとに洗濯したものと取り替える。
（3）備品の管理及び補充	①　備品の有無及び残量を確認し、必要に応じて補充する。

別表第３　住宅・設備管理及び安全確保業務

業　務　内　容	業　務　実　施　要　領
（１）届出住宅及び設備の維持・管理	①　台所、浴室、便所、洗面設備、水道や電気などのライフライン、ドアやサッシ等の届出住宅の設備が正常に機能するよう保全する。 ②　空室時における施錠の確認や届出住宅の鍵の管理を行う。 ③　外国語を用いて、届出住宅の設備の使用方法に関する案内、届出住宅から最寄り駅までの経路を記載した書面を届出住宅に備え付けることによるほか、タブレット端末への表示等により、宿泊者が届出住宅に宿泊している間必要に応じて閲覧できる方法により案内を設置する。
（２）非常用照明器具の設置、点検、避難経路の表示その他災害発生時の避難体制の確立と宿泊者に対する避難支援	①　非常用照明器具を宿泊室及び避難経路に設置し、定期的に点検を行う。届出住宅に同時に複数のグループを宿泊させる場合には、宿泊者使用部分の各居室に、連動型住宅用防災警報器等を設置する。 ②　避難経路を表示（市町村の火災予防条例の規則内容を確認し、規定された事項を表示に盛り込む）する。
（３）外国語を用いて、火災、地震その他の災害が発生した場合における通報連絡先に関する案内	①　外国語を用いて、消防署、警察署、医療機関、住宅宿泊管理業者への連絡方法を必要な時に速やかに確認することが可能な方法により備え付ける。
（４）宿泊者からの建物、設備に対する苦情等への対応	①　宿泊者から建物、設備等の不具合について苦情等があった場合には、状況を確認し、必要な対応を行う。 ②　建物、設備等に関して修繕等の必要があると認められる場合には、修繕業者に連絡し、見積書を作成させる。工事内容、費用について甲と協議し、甲の合意を得る。修繕業者に対して、工事を発注する。工事終了後、点検を行った上、甲に対し、工事費用の請求を行う。 ③　事故等により、緊急に修繕の必要があり、甲と乙との間で事前に調整を行う時間的余裕がない場合は、乙は②の手続きによらず、修繕を実施することができる。この場合においては、修繕の内容及び費用を速やかに甲に通知する。
（５）諸官公庁等への届出事務の代行	①　必要に応じ、官公署、電力、ガス会社等への諸届けを代行する。

別表第４

再委託予定者に関する事項

商号、名称又は氏名	
主たる事務所の所在地	
届出住宅を担当する事務所	
再委託する業務内容	

住宅宿泊管理受託標準契約書コメント

住宅宿泊管理受託標準契約書（以下「本契約書」という。）コメントは、本契約書の性格、内容を明らかにする等により、本契約書が実際に利用される場合の指針として作成したものである。

全般関係
① 本契約書は住宅宿泊事業を目的とした住宅について、住宅宿泊管理業者（以下「管理業者」という。）が住宅宿泊事業者（以下「宿泊事業者」という。）から住宅宿泊管理業務（以下「管理業務」という。）を受託する場合の管理受託契約書である。
② 住宅宿泊事業法（以下「法」という。）第11条において、宿泊事業者が管理業務を管理業者に委託しなければならない場合が定められている。
③ 法第34条の規定により、管理業者は、管理業務の受託契約を締結したときは、委託者に対し、遅滞なく、同条第1項所定の事項を記載した書面を交付しなければならない。本契約書は、同項所定の事項が記載されており、本契約書を委託者に対して交付することにより、法第34条の書面を交付したものとすることができる。
　また、同条第2項の規定により、本契約書の交付について委託者の承諾を得た場合は、電磁的方法により提供をすることにより、本契約書を交付したものとみなされる。
④ 実際に本契約書を使用する場合においては、地域慣行、物件の構造や管理の態様等により、契約内容が異なり得る。本契約書は全国を適用範囲とする契約書の雛形として作成したものであり、標準的な管理業務において最低限定めなければならないと考えられる事項について、合理的な内容を持たせるべく作成したものである。
⑤ なお、本契約書については、住宅宿泊管理受託契約書の普及状況等を踏まえ、今後、必要な見直しを行うものである。

第3条（契約の当事者）関係
① 第3項における「その他甲乙双方が必要と認める書類」には、届出住宅の建築及び維持保全の状況に関する内容が考えられる。

第5条（目的物件及び住宅宿泊管理業務）関係
① 本条項は、法第11条に規定される委託しなければならない管理業務の範囲について規定するものであるが、住宅宿泊事業は、人が居住し日常生活を営む空間に人を宿泊させるものであるため、特に届出住宅の維持保全に係る業務については、対象範囲を明確に定める必要がある。
　具体的には、届出住宅に設ける必要がある台所、浴室、便所、洗面設備が機能することが必要であるとともに、人が日常生活を営む上で最低限必要な水道や電気などのライフライン、ドアやサッシ等の届出住宅の設備が正常に機能するよう保全することが必要である。また、空室時における施錠の確認や、住宅又は居室の鍵の管理も届出住宅の維持保全に含まれる。また、宿泊者の退室後の届出住宅については、住宅及び設備の破損

の有無や、宿泊者の遺失物の有無等について確認し、宿泊前の状態と大きな乖離がない
よう維持することが必要である。

② 本契約書の別表において規定する「外国語」とは、宿泊予約の時点で日本語以外の言語として提示したものとする。なお、当該時点において、外国人宿泊者が日本語を指定した場合は、外国語で案内等を行う必要はない。

③ 別表第1「（1）宿泊者への届出住宅の鍵の受け渡し」において、下線部については、宿泊者との鍵の受け渡し場所を記載すること。具体的には、届出住宅や管理業者の営業所等、チェックイン等を委託するホテル等のフロントなどが考えられるが、宿泊事業者が直接電子キーなどを用いて鍵の受け渡しを行う場合など、管理業者が鍵の受け渡しを行わない場合には、当該業務を行う必要はない。

④ 別表第1「（2）本人確認、宿泊者名簿の作成、管理及び備付け」において、下線部については、対面によるか非対面によるかの記載をするものであるが、非対面の場合においては具体的な本人確認方法を記載すること。なお、届出住宅や管理業者の営業所等、チェックイン等を委託するホテル等のフロントなどにおいて、鍵の受け渡しとあわせて対面による本人確認を行うことが一般的な方法として想定されるが、非対面による本人確認方法として、テレビ電話やタブレット端末などによるICTを用いた方法も考えられる。映像による場合、届出住宅等のチェックインを行う場所に宿泊者が現に滞在していることが確認できるよう、当該届出住宅等に備え付けた映像機器等を用いることが考えられる。

⑤ 別表第1「（4）騒音の防止のために配慮すべき事項その他届出住宅の周辺地域（同一建物内を含む。以下同じ。）の生活環境への悪影響の防止に関し必要な事項について宿泊者への説明」において、下線部については、宿泊者への説明方法について記載すること。具体的には、必要な事項が記載された書面を居室に備え付けることによるほか、タブレット端末での表示等により、宿泊者が届出住宅に宿泊している間に必要に応じて説明事項を確認できるようにするためのものであり、必ずしも対面による説明が求められるものではない。また、書面等の備付けにあたっては、宿泊者の目につきやすい場所に掲示する等により、宿泊者の注意喚起を図る上で効果的な方法で行う必要がある。当該説明が確実になされるよう、居室内に電話を備え付けること等により、事前説明に応じない宿泊者に対し注意喚起できるようにする必要がある。

⑥ 別表第1「（8）宿泊者からの届出住宅の鍵の返却確認」において、下線部については、宿泊者が鍵を返却する場所を記載すること。具体的には、届出住宅や管理業者の営業所等、チェックイン等を委託するホテル等のフロントなどが考えられるが、宿泊事業者が直接電子キーなどを用いて鍵の受け渡しを行う場合など、管理業者が鍵の受け渡しを行わない場合には、当該業務を行う必要はない。

⑦ 別表第2「（1）届出住宅の日常清掃業務」において、管理業者は、衛生管理のための講習会を受講する等最低限の衛生管理に関する知識の習得に努めることが必要である。また、住宅宿泊事業に起因して発生したごみの取扱いは、廃棄物の処理及び清掃に関する法律（昭和45年法律第137号）に従い、当該ごみは事業活動に伴って生じた廃棄物として管理業者が責任をもって処理しなければならない。

⑧ 別表第3「(2) 非常用照明器具の設置、点検、避難経路の表示その他災害発生時の避難体制の確立と宿泊者に対する避難支援」において、避難経路の表示に加えて、住宅周辺の状況に応じ、災害時における宿泊者の円滑かつ迅速な避難を確保するため、避難場所等に関する情報についても備え付けておくことが考えられる。

⑨ 第3項は、乙は、甲の承諾を得た上で、管理業務の一部を第三者に再委託することができることを明示したものであるが、再委託先が一方的に変更される可能性がある場合には、その旨を契約上、明示する必要がある。また、再委託先は、管理業者の業務実施体制に大きく影響するものであることから、再委託先を事前に別表第4により明らかにする必要があり、再委託先が変更する度ごとに書面又は電磁的方法により委託者に通知する必要がある。なお、別表第4については、再委託先ごとに欄を作成すること。

第9条（報告）関係

① 法第40条の規定により、管理業務の実施状況の報告は、法第2条第5項に基づく管理業務に限らず、甲と乙が締結する管理受託契約における委託業務の全てについて報告する必要がある。苦情への対応状況は、管理業務の実施状況に含まれる。

② 苦情への対応状況については、苦情の発生した日時、苦情を申し出た者の属性、苦情内容等について、把握可能な限り記録し、報告する必要がある。単純な問い合わせについて、記録及び報告の義務はないが、苦情を伴う問い合わせについては、把握可能な限り記録し、報告する必要がある。

第14条（賠償責任及び免責事項）関係

① 責任及び免責については、責任の所在の明確化を図る観点から、甲と乙の責任の所在について事前に明示しておく必要がある。損害賠償請求に至った場合にはトラブルに発展することが予見されることから、甲と乙が事前に協議を行った上で賠償責任保険に加入する等の措置をとることが望ましい。なお、法において管理業者の責任とされている事項について、これに反する内容を定めた契約上の特約は無効である。

第18条（合意管轄裁判所）関係

① 下線部については、地方（簡易）裁判所の名称を記載すること。管轄裁判所は甲と乙が協議を行った上で決めることであるが、例えば、届出住宅を管轄する地方裁判所とすることなどが考えられる。

○標準住宅宿泊仲介業約款

平成30年4月13日
国土交通省告示第617号

第1章　総則

（適用範囲）

第1条　当社が宿泊者との間で締結する住宅宿泊仲介契約は、この約款の定めるところに

よります。この約款に定めのない事項については、法令又は一般に確立された慣習によります。

2　当社が法令に反せず、かつ、宿泊者の不利にならない範囲で書面その他の適切な方法により特約を結んだときは、前項の規定にかかわらず、その特約が優先します。

（用語の定義）

第2条　この約款で「住宅宿泊仲介契約」とは、当社が宿泊者の委託により、宿泊者のため、宿泊者が住宅宿泊事業者の提供する届出住宅における宿泊のサービス（以下「宿泊サービス」といいます。）の提供を受けることについて、代理、媒介又は取次ぎをすることを引き受ける契約をいいます。

2　この約款で「住宅宿泊仲介業務に関する料金」とは、宿泊サービスの仲介に関して宿泊者が当社に対して支払う報酬をいいます。

3　この約款で「宿泊代金」とは、当社が宿泊サービスを仲介するために、宿泊料その他の住宅宿泊事業者に対して支払う費用及び当社所定の住宅宿泊仲介業務に関する料金（変更手続料金及び取消手続料金を除きます。）をいいます。

4　この約款で「通信契約」とは、当社が提携するクレジットカード会社（以下「提携会社」といいます。）のカード会員との間でインターネットその他の通信手段による申込みを受けて締結する住宅宿泊仲介契約であって、当社が宿泊者に対して有する住宅宿泊仲介契約に基づく宿泊代金等に係る債権又は債務を、当該債権又は債務が履行されるべき日以降に別に定める提携会社のカード会員規約に従って決済することについて、宿泊者があらかじめ承諾し、かつ宿泊代金等を第16条第1項又は第5項に定める方法により支払うことを内容とする住宅宿泊仲介契約をいいます。

5　この約款で「電子承諾通知」とは、契約の申込みに対する承諾の通知であって、宿泊者があらかじめ指定する電子メールアドレスに電子メールを送付する方法その他の当社が使用する電子計算機、ファクシミリ装置、テレックス又は電話機（以下「コンピュータ等」といいます。）と宿泊者が使用するコンピュータ等とを接続する電気通信回線を通じて送信する方法により行うものをいいます。

6　この約款で「カード利用日」とは、宿泊者又は当社が住宅宿泊仲介契約に基づく宿泊代金等の支払又は払戻債務を履行すべき日をいいます。

（仲介債務の終了）

第3条　当社が善良な管理者の注意をもって宿泊サービスの仲介をしたときは、住宅宿泊仲介契約に基づく当社の債務の履行は終了します。したがって、休業、条件不適当等の事由により、住宅宿泊事業者との間で宿泊サービスの提供をする契約を締結できなかった場合であっても、当社がその義務を果たしたときは、宿泊者は、当社に対し、当社所定の住宅宿泊仲介業務に関する料金を支払わなければなりません。通信契約を締結した場合においては、カード利用日は、当社が住宅宿泊事業者との間で宿泊サービスの提供をする契約を締結できなかった旨、宿泊者に通知した日とします。

（仲介代行者）

第4条　当社は、住宅宿泊仲介契約の履行に当たって、仲介の全部又は一部を本邦内又は本邦外の他の住宅宿泊仲介業者、仲介を業として行う者その他の補助者に代行させるこ

とがあります。

第2章　契約の成立

（契約の申込み）

第5条　当社と通信契約を締結しようとする宿泊者は、カード会員番号及び依頼しようとする宿泊サービスの内容を当社に通知しなければなりません。

2　当社と住宅宿泊仲介契約（通信契約を除きます。）を締結しようとする宿泊者は、当社所定の申込書に所定の事項を記入の上、当社が別に定める金額の申込金とともに、当社に提出しなければなりません。

3　前項の申込金は、宿泊代金、取消料その他の宿泊者が当社に支払うべき金銭の一部として取り扱います。

（契約締結の拒否）

第6条　当社は、次に掲げる場合において、住宅宿泊仲介契約の締結に応じないことがあります。

　一　通信契約を締結しようとする場合であって、宿泊者の有するクレジットカードが無効である等、宿泊者が宿泊代金等に係る債務の一部又は全部を提携会社のカード会員規約に従って決済できないとき。

　二　宿泊者が、暴力団員、暴力団準構成員、暴力団関係者、暴力団関係企業又は総会屋等その他の反社会的勢力であると認められるとき。

　三　宿泊者が、当社に対して暴力的な要求行為、不当な要求行為、取引に関して脅迫的な言動若しくは暴力を用いる行為又はこれらに準ずる行為を行ったとき。

　四　宿泊者が、風説を流布し、偽計を用い若しくは威力を用いて当社の信用を毀損し若しくは当社の業務を妨害する行為又はこれらに準ずる行為を行ったとき。

　五　宿泊者が、当社のサービスの利用に当たって、第三者に対して誹謗中傷をする行為、公の秩序又は善良の風俗を害する行為、当社のウェブサイトへの不必要な投稿を繰り返して行う行為その他の当社が不適切であると認める行為を行ったとき。

（契約の成立時期）

第7条　通信契約は、電子承諾通知が宿泊者に到達した時に成立するものとします。ただし、当該契約において、電子承諾通知を発する方法によらない契約の申込みに対する承諾の通知を発する場合は、当社が第5条第1項の申込みを承諾する旨の通知を発した時に成立するものとします。

2　住宅宿泊仲介契約（通信契約を除きます。）は、当社が契約の締結を承諾し、第5条第2項の申込金を受理した時に成立するものとします。

（契約成立の特則）

第8条　当社は、第5条第2項の規定にかかわらず、書面による特約をもって、申込金の支払いを受けることなく、契約の締結の承諾のみにより住宅宿泊仲介契約を成立させることがあります。

2　前項の場合において、住宅宿泊仲介契約の成立時期は、前項の書面において明らかにします。

（宿泊券等の特則）

第9条　当社は、第5条第2項及び前条第1項の規定にかかわらず、住宅宿泊仲介契約であって宿泊代金と引換えに宿泊サービスの提供を受ける権利を表示した書面を交付するものについては、口頭による申込みを受け付けることがあります。

2　前項の場合において、住宅宿泊仲介契約は、当社が契約の締結を承諾した時に成立するものとします。

（取引条件説明事項）

第10条　当社は、住宅宿泊仲介契約を締結するまでに、宿泊者に、宿泊者の宿泊日、宿泊サービスの内容、宿泊代金その他宿泊のために通常必要となる代金、当社の責任及び免責に関する事項、変更手続料金、取消手続料金その他の国土交通省関係住宅宿泊事業法施行規則（平成29年国土交通省令第65号）第40条各号に掲げる事項及び宿泊者からの苦情、問合せ等に対応するための連絡先（以下「取引条件説明事項」といいます。）を情報通信の技術を利用する方法により提供します。

2　前項の場合において、当社は、宿泊者の使用する電子計算機に備えられたファイルに取引条件説明事項が記録されたことを確認します。

3　前項の場合において、宿泊者の使用に係る電子計算機に取引条件説明事項を記録するためのファイルが備えられていないときは、当社の使用する電子計算機に備えられたファイル（専ら当該宿泊者の用に供するものに限ります。）に取引条件説明事項を記録し、宿泊者が取引条件説明事項を閲覧したことを確認します。

4　当社が住宅宿泊仲介契約により仲介する義務を負う宿泊サービスの範囲は、取引条件説明事項として提供するところによります。

（書面を交付する方法）

第11条　当社は、情報通信の技術を利用する方法による取引条件説明事項の提供に代えて、当該取引条件説明事項を記載した書面（以下この条において「取引条件説明書面」といいます。）を交付することがあります。ただし、当社が仲介する全ての宿泊サービスについて宿泊券その他の宿泊サービスの提供を受ける権利を表示した書面を交付するときは、当該取引条件説明書面を交付しないことがあります。

　　第3章　契約の変更及び解除

（契約内容の変更）

第12条　宿泊者は、当社に対し、宿泊日程、宿泊サービスの内容その他の住宅宿泊仲介契約の内容を変更するよう求めることができます。この場合において、当社は、可能な限り宿泊者の求めに応じます。

2　前項の宿泊者の求めにより住宅宿泊仲介契約の内容を変更する場合、宿泊者は、既に完了した仲介を取り消す際に住宅宿泊事業者に支払うべき取消料、違約料その他の仲介の変更に要する費用を負担するほか、当社に対し、あらかじめ示した当社所定の変更手続料金を支払わなければなりません。また、当該住宅宿泊仲介契約の内容の変更によって生ずる宿泊代金の増加又は減少は宿泊者に帰属するものとします。

（宿泊者による任意解除）

第13条　宿泊者は、いつでも住宅宿泊仲介契約の全部又は一部を解除することができます。

2　前項の規定に基づいて住宅宿泊仲介契約が解除されたときは、宿泊者は、既に宿泊者が提供を受けた宿泊サービスの対価として、又はいまだ提供を受けていない宿泊サービスに係る取消料、違約料その他の住宅宿泊事業者に対して既に支払い、又はこれから支払う費用を負担するほか、当社に対し、あらかじめ示した当社所定の取消手続料金及び当社が得るはずであった住宅宿泊仲介業務に関する料金を支払わなければなりません。

（宿泊者の責に帰すべき事由による解除）

第14条　当社は、次に掲げる場合において、住宅宿泊仲介契約を解除することがあります。

　　一　通信契約を締結した場合であって、宿泊者の有するクレジットカードが無効になる等、宿泊者が宿泊代金等に係る債務の一部又は全部を提携会社のカード会員規約に従って決済できなくなったとき。

　　二　宿泊者が所定の期日までに宿泊代金を支払わないとき。

　　三　宿泊者が第6条第2号から第5号までのいずれかに該当することが判明したとき。

2　前項の規定に基づいて住宅宿泊仲介契約が解除されたときは、宿泊者は、いまだ提供を受けていない宿泊サービスに係る取消料、違約料その他の住宅宿泊事業者に対して既に支払い、又はこれから支払わなければならない費用を負担するほか、当社に対し、あらかじめ示した当社所定の取消手続料金及び当社が得るはずであった住宅宿泊仲介業務に関する料金を支払わなければなりません。

（当社の責に帰すべき事由による解除）

第15条　宿泊者は、当社の責に帰すべき事由により宿泊サービスの仲介が不可能になったときは、住宅宿泊仲介契約を解除することができます。

2　前項の規定に基づいて住宅宿泊仲介契約が解除されたときは、当社は、宿泊者が既にその提供を受けた宿泊サービスの対価として、住宅宿泊事業者に対して既に支払い、又はこれから支払わなければならない費用を除いて、既に収受した宿泊代金を宿泊者に払い戻します。

3　前項の規定は、宿泊者の当社に対する損害賠償の請求を妨げるものではありません。

　　　第4章　宿泊代金

（宿泊代金）

第16条　通信契約を締結したときは、当社は、提携会社のカードにより所定の伝票への宿泊者の署名なくして宿泊代金の支払いを受けます。この場合において、カード利用日は、当社が確定した宿泊サービスの内容を宿泊者に通知した日とします。

2　宿泊者は、宿泊開始前の当社が定める期間までに、当社に対し、宿泊代金を支払わなければなりません。

3　当社は、宿泊開始前において、住宅宿泊事業者の料金の改訂、為替相場の変動その他の事由により宿泊代金の変動を生じた場合は、当該宿泊代金を変更することがあります。

4　前項の場合において、宿泊代金の増加又は減少は、宿泊者に帰属するものとします。

5　当社は、宿泊者と通信契約を締結した場合であって、第3章又は第4章の規定により宿泊者が負担すべき費用等が生じたときは、当社は、提携会社のカードにより所定の伝票への宿泊者の署名なくして当該費用等の支払いを受けます。この場合において、カー

ド利用日は宿泊者が当社に支払うべき費用等の額又は当社が宿泊者に払い戻すべき額を、当社が宿泊者に通知した日とします。ただし、第14条第1項第1号の規定により当社が住宅宿泊仲介契約を解除した場合は、宿泊者は、当社の定める期日までに、当社の定める支払方法により、宿泊者が当社に支払うべき費用等を支払わなければなりません。

（宿泊代金の精算）

第17条　当社は、当社が宿泊サービスを仲介するために、住宅宿泊事業者に対して支払った費用で宿泊者の負担に帰すべきもの及び住宅宿泊仲介業務に関する料金（以下「精算宿泊代金」といいます。）と宿泊代金として既に収受した金額とが合致しない場合において、宿泊終了後、次項及び第3項に定めるところにより速やかに宿泊代金の精算をします。

2　精算宿泊代金が宿泊代金として既に収受した金額を超えるときは、宿泊者は、当社に対し、その差額を支払わなければなりません。

3　精算宿泊代金が宿泊代金として既に収受した金額に満たないときは、当社は、宿泊者にその差額を払い戻します。

第5章　団体・グループ仲介

（団体・グループ仲介）

第18条　当社は、同時に宿泊する複数の宿泊者がその責任ある代表者（以下「契約責任者」といいます。）を定めて申し込んだ住宅宿泊仲介契約の締結については、本章の規定を適用します。

（契約責任者）

第19条　当社は、特約を結んだ場合を除き、契約責任者はその団体・グループを構成する宿泊者（以下「構成者」といいます。）の住宅宿泊仲介契約の締結に関する一切の代理権を有しているものとみなし、当該団体・グループに係る住宅宿泊仲介業務に関する取引は、当該契約責任者との間で行います。

2　契約責任者は、当社が定める日までに、構成者の名簿を当社に提出し、又は人数を当社に通知しなければなりません。

3　当社は、契約責任者が構成者に対して現に負い、又は将来負うことが予測される債務又は義務については、何らの責任を負うものではありません。

4　当社は、契約責任者が団体・グループに同行しない場合、宿泊開始後においては、あらかじめ契約責任者が選任した構成者を契約責任者とみなします。

（契約成立の特則）

第20条　当社は、契約責任者と住宅宿泊仲介契約（通信契約を除きます。次項において同じです。）を締結する場合において、第5条第2項の規定にかかわらず、申込金の支払いを受けることなく住宅宿泊仲介契約の締結を承諾することがあります。

2　前項の規定に基づき申込金の支払いを受けることなく住宅宿泊仲介契約を締結する場合には、当社は、契約責任者にその旨を記載した書面を交付するものとし、住宅宿泊仲介契約は、当社が当該書面を交付した時に成立するものとします。

（構成者の変更）

第21条　当社は、契約責任者から構成者の変更の申出があったときは、可能な限りこれ

に応じます。

2　前項の変更によって生じる宿泊代金の増加又は減少及び当該変更に要する費用は、構成者に帰属するものとします。

第6章　責任

（当社の責任）

第22条　当社は、住宅宿泊仲介契約の履行に当たって、当社又は当社が第4条の規定に基づいて仲介を代行させた者（以下「仲介代行者」といいます。）が故意又は過失により宿泊者に損害を与えたときは、その損害を賠償する責に任じます。ただし、損害発生の翌日から起算して2年以内に当社に対して通知があったときに限ります。

2　宿泊者が天災地変、戦乱、暴動、住宅宿泊事業者の宿泊サービス提供の中止、官公署の命令その他の当社又は当社の仲介代行者の関与し得ない事由により損害を被ったときは、当社は、前項の場合を除き、その損害を賠償する責任を負うものではありません。

3　当社は、手荷物について生じた第一項の損害については、同項の規定にかかわらず、損害発生の翌日から起算して、21日以内に当社に対して通知があったときに限り、宿泊者1名につき十五万円を限度（当社に故意又は重大な過失がある場合を除きます。）として賠償します。

（宿泊者の責任）

第23条　宿泊者の故意又は過失により当社が損害を被ったときは、当該宿泊者は、損害を賠償しなければなりません。

2　宿泊者は、住宅宿泊仲介契約を締結するに際しては、当社から提供された情報を活用し、宿泊者の権利義務その他の住宅宿泊仲介契約の内容について理解するよう努めなければなりません。

3　宿泊者は、宿泊開始後において、取引条件説明事項として提供された宿泊サービスと異なる宿泊サービスが提供されたと認識したときは、宿泊地において速やかにその旨を当社、当社の仲介代行者又は住宅宿泊事業者に申し出なければなりません。

第7章　苦情、問合せ等への対応

（苦情、問合せ等への対応）

第24条　当社は、宿泊サービスの内容その他の取引条件説明事項に関する宿泊者からの苦情、問合せ等に対し、迅速かつ適切に対応し、その苦情、問合せ等に係る事項の迅速かつ適切な解決に努めるものとします。

平成30年6月施行対応！
よくわかる民泊事業Q＆A
―届出から運営まで―

平成30年7月20日　第1刷発行

編　集　　住宅宿泊事業法研究会

発　行　　株式会社ぎょうせい

〒136-8575　東京都江東区新木場1-18-11
電　話 編集　03-6892-6508
営業　03-6892-6666
フリーコール　0120-953-431

〈検印省略〉　　　URL：https://gyosei.jp

印刷　ぎょうせいデジタル㈱　　　　　　　ⓒ2018 Printed in Japan
※乱丁・落丁本はお取り替えいたします。

ISBN978-4-324-10511-5
(5108438-00-000)
［略号：わかる民泊］